超级裂变

十倍速增长，打造无限裂变模式

林一鸣 ◎ 著

中国商业出版社

图书在版编目（CIP）数据

超级裂变：十倍速增长，打造无限裂变模式/林一鸣著. -- 北京：中国商业出版社，2023.10
ISBN 978-7-5208-2619-8

Ⅰ.①超… Ⅱ.①林… Ⅲ.①企业管理—运营管理 Ⅳ.①F273

中国国家版本馆CIP数据核字(2023)第171230号

责任编辑：杜　辉

（策划编辑：佟　彤）

中国商业出版社出版发行
（www.zgsycb.com　100053　北京广安门内报国寺1号）
总编室：010-63180647　编辑室：010-83118925
发行部：010-83120835/8286
新华书店经销
香河县宏润印刷有限公司印刷

*

710毫米×1000毫米　16开　14印张　160千字
2023年10月第1版　2023年10月第1次印刷
定价：68.00元

****

（如有印装质量问题可更换）

自序

裂变是心智的重塑

2023年4月5日，我去天坛医院住院部看望患肺癌的吴哥。吴哥退休前是上市公司总裁，他告诫我，事业能有成就的保障是健康。他告诉我，病毒如何从肺转移到股骨再到脑部的快速裂变过程，以及他乐观抉择的中西结合、进行临床试验的抗癌之旅。如今，他已经出院在康复之中，祝福吴哥！

也许是天意，告别吴哥之际，我左侧肢体突然无法动弹，匆忙就地急诊到半夜，被确诊为短暂性脑供血不足及脑梗前兆。我惊愕、紧张地离开医院后，反复自省，谨遵医嘱：放松心态、饮食调理、有氧运动，通过筋膜机能神经质等的增强，抑制血管的弱化。于是，长江边长大的我五十年都没学会游泳，如今仅用10天时间就学会了蛙泳。几个月调整锻炼下来，我的身体裂变是巨大的，不仅心脑血管病未复发，而且腰椎、颈椎、腿等部位的毛病也没了。借此，感谢天坛医院的熊医生、李医生，特别感谢20多年来关心、帮助我的301医院的翟大姐及其先生。

2020年—2022年的疫情，平凡的我，也在用力地活着、抗疫。我也得时不时闭门自守、贩卖焦虑、迟滞不前。幸运的是，有缘结识了一对隐形"土豪"夫妻，他们放弃了公司和资产，在后海边租了个小院，休养身心，喝茶听风，与好友谈天说地。但，从他们的云淡风轻中，我看到了从容、蓄能、思考；我感悟到他们用逆向的心态裂变，轻松度过时艰；我懂得了卧薪尝胆的内涵。借此，感谢艰难岁月里张华国夫妇带给我的欢乐与启示；感谢困惑时易经大师方老师给我的指点迷津；感谢抑郁时支持我的小安、军军、高兄弟、小平兄弟、大宝兄弟、葛老师、贾律师、敖教授。感谢关心、帮助我的李丹、雷琳、李洪昌、龚培武、黄康等南昌二中的老同学和欢乐谷的老校友们。

2019年1月21日是我人生至暗时刻。就在我精神萎靡时，有一阵阵声音不断警醒我，忘掉人世间的怨恨，活在当下，静心阅读学习。那九个月，我的阅读量几乎是此生读书总量的一半，第11版《新华字典》从A到Z逐字逐句看了两遍。渐渐地，我的心境豁然开朗，走出了阴霾，时常心脑会进入"空"的境界。这种灵魂的裂变，让我神清气爽、思维活跃。借此，感谢那一阵阵声音的播放者张涛先生、王秉林先生，感谢陪我走过黑暗时光的李老师、欧阳老师、小马老师、小米老师、晓伟老师、小山老师等。

我想，身心灵的磨难根源在自己，只有将坏习惯裂变，心智才能重塑并解决问题。事业亦是如此，需要不断的裂变思维与创新，就能十倍速的增长。

特别借此拙著献给我亲爱的家人——大姐、小妹、茉莉和在天堂的父母。感谢你们持续的温暖和爱，如一束光照亮我前行的路！

秋蝉（居高声自远，非是藉秋风）

2023年7月11日于北京

前言

无裂变，不增长，企业如何破解增长迷局

自改革开放至今，在过去的四十多年时间里，中国企业依靠庞大的内需市场、强大的制造力等实现了高速增长。然而，随着人口红利消退、流量见顶、竞争格局复杂化，粗放式增长模式逐渐淡出市场。

此外，虽然疫情已经全面结束，但被称为进入后疫情时代的中小企业却遭受了不同程度的"重创"。即便很多中小企业并未"元气大伤"，但也不得不面对"存量博弈"的现状。

多数企业目前面临的问题是如何实现企业效益的增长，企业效益的增长预示着企业的未来发展方向，增长率代表的是企业发展的趋势。通过分析绩效比较好的企业，我们发现了企业增长的三种状态。

第一种，停滞状态，每年相对增长低于15%，这类企业属于原地踏步型，相对于绩效退步的企业，这类企业仅仅是能维系现状。

第二种，低增状态，这类企业是以每年30%的速度在增长，属于慢跑型企业，在经济大环境下能够动起来、跑起来，虽然跑得慢却也不掉队。

第三种，高增状态，每年以超过50%的速度在增长，这一类是企业增长中的翘楚，在商业赛道中以冲刺速度保持自己的增速。高增长状态如同打通了增长的"任督二脉"一般，发现了增长机会，扩大了增长空间，以快速裂变为基础实现成倍增长态势。

高增状态的基础是裂变，而裂变作为企业成长的根基，往往会从人才、用户、企业三方面进行裂变，从而成为企业成长的引擎。

当前，流量红利逐渐消失、获客成本上溢，如何找到增长点并不是轻而易举的事。不过，在对企业增长进行分析后，发现通过裂变实现企业增长已成为企业低投入、高回报增长的不二途径。

"裂变"一词源于物理术语，在营销中的裂变是指从0到1，再从1到N的过程。所谓裂变，就是先分裂，然后呈爆发式增长。裂变式增长是源自企业制定了裂变战略后，一方面组织裂变，另一方面用户裂变。

裂变的目的是实现增长，这里的增长不是简单的用户暴增，也不是纯粹的销售额短期剧增，而是在用户量不断增长的过程中，让用户在享受企业、商家产品和服务的同时，能够主动分享产品和服务。

裂变，对于品牌来说，是放大器；对于企业来说，是降低成本、提升竞争力的利器。

裂变对企业增长的作用，简单来说可以分为三点。

第一，裂变整合了关系营销、数据库营销，是终端市场的裂变，其核心内容就是以点到面，急速发展的同时破解企业增长迷局。

第二，裂变的本质是以存量带动增量，让用户主动为你寻找潜在客户、主动为你挖掘潜在客户，通过用户的社交圈，实现由点到面的扩散。迅速裂变对于企业来说，具有成本低、效果持久、影响力大的特点，能够让企业实现快速获客。

第三，裂变强调的是分享，更强调用户主动分享。和传统营销相比，企业将投资巨大却收益不明的广告模式改为裂变式营销。通过给予用户优惠，促使用户主动地分享产品、服务，这一方式在减少投入的同时，扩大了宣传范围，提升了获客率。

由此，裂变为企业扩充了人脉、增加了客户、拓展了市场、创造了效益、扩大了经营范围，裂变促进了企业发展，帮助企业打破了增长迷局。

目录

第一章
新商业时代，企业聚焦互联网新营销

开启电商时代新思维 / 3

微利时代的赚钱之道 / 8

驱动客户时代的三大要素 / 11

第二章
后疫情经济时代，企业重构商业底层逻辑

打造商业模式的闭环，争夺竞争优势 / 19

以品牌画像为切入点，追求永续经营 / 22

聚焦消费者，实现品牌溢价的持续增值 / 25

驱动企业从"复工复产"转入高速发展阶段 / 30

突破企业边界，用互联网思维促"自我生长" / 35

第三章
企业无论大小，裂变增长才是硬道理

每个企业都有机会十倍裂变增长 / 41

内核式增长——低成本，发生快速裂变 / 45

内生式增长——裂变源自样板的打造 / 48

外延式增长——生命周期被有效扩展 / 52

实体店利用超级裂变锁客，客流不断 / 57

第四章
裂变增长的底层逻辑

什么是裂变增长 / 63

深度探讨裂变四大驱动力 / 68

用户裂变增长方法论及相关案例 / 72

四点弄明白增长和裂变的关系 / 74

深度揭秘裂变增长的五大要点 / 76

第五章
用户裂变的核心是增长思维

掌握激活用户的有效方式 / 83

两种商业模式打造用户体验 / 87

学会裂变玩法，实现成倍用户增长 / 89

掌握裂变工具，让用户自动增长 / 94

技巧先行，让企业实现低成本获客 / 98

第六章
渠道裂变破局立新，引来更多机遇

渠道裂变的五大趋势 / 103

打造适应渠道变革的"一盘货"模式 / 107

渠道身份创新实现业绩倍增 / 109

渠道裂变的核心为重塑零售格局 / 112

线上渠道：抖音、快手、微信、今日头条、京东、App Store（苹果应用程序商店）/ 114

第七章
品牌快速裂变，新模式打造专属市场

品牌裂变的四个阶段 / 123

利用品牌裂变快速脱离同质化市场 / 127

新生品牌借用裂变逆势翻盘 / 131

大数据时代下的品牌裂变新方程式 / 133

运用品牌裂变打造流量池思维 / 136

第八章
裂变营销让用户成为品牌传播的力量

营销中的风口、痛点、数据拷打 / 143

裂变思维赋能营销，呈现圈地效应 / 146

事件营销，打造独特的价值销售主张 / 149

善用分销模式，刺激消费者行为 / 150

从人、货、场三方面，打造交易闭环 / 154

第九章
平台裂变激发分享标准，重塑行业

具有裂变机制的社交平台 / 161

利用社交平台，为初创企业获取第一批用户 / 167

建立私域流量池，第一时间抢占商业地盘 / 170

"裂变＋电商＋平台"，快速提升业绩 / 174

知识付费平台引流和裂变，构建完整变现闭环 / 179

第十章
锁定裂变场景，撬动千亿线上、线下市场

公众号裂变——精准营销方法 / 185

小程序裂变——拉新及留存的三大法则 / 187

社群裂变——快速引爆的三大运营技巧 / 190

私域裂变——精细管理与运营 / 194

抖音号裂变——账号矩阵裂变是核心 / 197

视频号裂变——微信给视频号加上裂变传播 / 199

直播裂变——抢占用户心智决定成败 / 202

结语：超级裂变，实现企业"0—1—N"成倍增长模式 / 206

第一章
新商业时代,企业聚焦互联网新营销

随着互联网的快速发展,电子商务已成为人们日常生活中不可或缺的一部分。比如,相比逛商场,消费者更喜欢网上购物,足不出户即可"货比三家"。然而作为商家,该如何面对这种消费心态呢?

互联网电商时代要求我们拥有创新思维和创新理念,去面对并解决传统商业模式、思维所带来的新问题。作为企业的管理者、掌舵人必须利用电商新思维打造有竞争力的品牌体验,合理应用大数据,从而实现企业可持续发展。因此,本章主要介绍新思维模式、新营销模式。

开启电商时代新思维

在电商时代，企业是以客户为中心，为客户提供更加个性化、差异化的服务，并创造更高的企业价值、客户价值。

回顾一下传统商业模式。以零售业为例，有三个特点：第一，销售地点固定，导致传统零售商的消费群体也固定，消费者群体被限制；第二，虽然来店的消费者是固定群体，但是消费者黏性强，传统零售靠的就是"回头客"，消费者的"忠诚度"高；第三，对于商家来说，所售商品定价中留给商家的利润相对比较高。

电商时代的到来打破了传统零售商的限制。首先，电商平台的商家和品牌所面对的消费群体没有地域限制，甚至可以是全世界的消费者；其次，虽然取消了对消费者群体的限制，但是消费者对于商家的信任度并不高，消费者"忠诚度""粘黏性"降低；最后，对于商家来说，同款产品留存利润下降，消费者足不出户就可以"货比三家"，其中最重要的比对条件就是"价位"。

有一个现象，也许大家没有注意，在线下购物场所，尤其是大型购物广场、购物商场，一般顾客集中在黄金首饰区、儿童娱乐区、美食区。商场里其他的如衣服鞋帽、玩具等店铺却门可罗雀，有消费者进去走一圈，然后还是空着手就出来了。

可以说，现在商业大环境对于线下传统零售商并不友好。现在的消费者即便是去线下实体店铺，十之八九只是去试一下某个款式的尺码，好在线上订购。

商业环境的变化，提醒传统零售商，需要接受、运用电商新思维推动企业发展，提升企业绩效。那么，电商时代新思维包含什么？我们分三点阐述。

1. 企业需要重视品牌效应

在电商时代有一句话要铭记于心——再小的品牌也是品牌。这里所说的不是全世界皆知、全国闻名的超级品牌，而是任何一个品牌。在电商平台上，产品不再是一个简单的商标，而是自己的品牌。

想要通过品牌吸引消费者，就需要企业全面提升品牌知名度和形象，提高产品的品质和服务。电商时代的消费者，大部分对于品牌的认定是通过品牌故事、产品品质、产品服务，以及建立品牌形象、品牌服务，形成品牌文化，从而满足电商时代消费者的需求。

2. 企业需要重视网络营销

企业懂得如何做好网络营销至关重要，其中包括，企业必须深入了解消费者线上消费心理、线上消费习惯、在线活动等，根据消费者所需不断迭代更新网络营销策略。

企业必须要有清晰的自我定位，清楚自己是谁，了解消费者群体画像，将广告、社交媒体、搜索引擎等整合在同一个平台，才能实现更高的价值。现在电商平台众多，大撒网固然能够做到更广的引流，但是，如果企业的人力、物力、财力有限，最优的方式就是选定一个平台，做精、做细。

3.企业需要重视科研变革

引入大数据、人工智能、AI等新技术，运用新技术，满足消费者的新需求。

综上所述，所谓电商时代新思维模式，其实质是以消费者需求为主，不管是树立品牌形象还是运用网络营销，包括科研变革等，都是以消费者需求为前提进行的改革。当下，越来越多的传统企业进入电商领域，那么，企业如何运用电商新思维来帮助自己在赛道中保持持续竞争的优势呢？

第一，企业要善于运用基于用户体验的思维模式。

在电商时代，用户成为企业核心竞争力，比之传统销售思维中"用户是上帝"的概念，企业更要看重用户体验，建立以用户为中心的新思维模式。

企业在设计网站、设计App等购物平台时，需要从用户的角度出发，打造一个完美的购物体验。比如，作为消费者，登录购物平台时，都会选择看着比较舒服、用着比较顺手的购物平台。在购物平台上，很容易找到想要的产品，同时，从选产品到进行交易，包括其中与商家沟通等环节，都能够有舒适的体验，这样的购物平台才能受欢迎，从而吸引更多的用户。

第二，企业发展规划并不是"头脑风暴"，而是要基于数据分析。

随着互联网的快速发展，数据越来越重要，企业通过数据分析可以更准确地了解用户的需求和行为，通过对数据的分析，调整销售战略，以便更好地满足用户需求。

作为企业，看自己的产品自然是越看越觉得处处都好，因为每一款产品都是企业的"孩子"，哪有人会觉得自家的孩子不好？但是，对于消费者来说产品就是产品，消费者会按照自己的需求去挑选产品。

举个例子，企业有两款产品上市，对于企业来说，更看好由A产品升级的B产品，对于形象功能一般的A产品并不看好。然而，从销售部的销售数据来看，一个月内A产品的销售额竟然是B产品的三倍以上。所以，企业管理者为迎合消费者消费需求加量生产A产品。

第三，企业需要打造独特的品牌形象。

关于企业品牌的重要性，在电商时代它已不再是必须要"闻名于世"的品牌。比如，在传统品牌概念下，说到文具的品牌，大家能想到的是国内知名的几个品牌；但是在电商时代，说到文具，大家会想到"三年二班"品牌。

现在的品牌已经与传统意义上的品牌不同。现在的品牌不仅仅是一个产品或者服务的代表，而是要代表企业的文化和价值观，并且文化和价值观要与企业的目标相匹配，能够吸引用户，提升用户忠诚度。

第四，创建新思维模式。

在这里再提"新思维模式"，就要具体地提一下新思维模式包括的内容。比如，现在的思维模式是做好产品和服务，但是新思维模式则要求企业站在更高的层面上去思考企业的发展，并不只局限于产品和服务。包括企业竞争对手的优势和不足、产品用户群的需求等，都是新思维模式中的一部分。

所谓新思维模式，实际上就是从"狭隘"的销售思维提升为"广阔"的发展思维。企业在电商时代不仅仅是做好产品、做好服务，而是将"做好产品、做好服务"作为根本，继而通过对市场、行业、竞争对手的分析，得出消费群体的消费需求、消费习惯等，从而更好地推动企业发展，提升品牌知名度。

第五，重视成本控制的思维模式。

这一思维模式对于任何企业来说都至关重要，尤其是在互联网电商领域，成本控制是重点，企业通过建立成本控制思维模式可优化运营成本、提高利润率。换言之，就是我们在电商平台销售商品，商品本身的利润并不高。比如，一盒12色的水彩笔，在线下售卖价格大概为12元，但在某宝平台上，一盒12色的水彩笔价格在5元左右。

由此可见，电商平台给商家的利润空间是非常低的，利润低就要求企业压缩成本，因此，作为企业必须要具备成本控制的思维。

回溯经济发展这些年，改革开放的20世纪70年代，商业发展是顺水行舟，家门口开一个小卖部，坐在家里就把货卖了，赚个钵满盆满。随着时间的推移，到了八九十年代，有了行商，城镇也开始慢慢兴起了"夜市"，商家每天进货之后，在人流量大的地方进行售卖。进入21世纪，电商出现，从一开始的传统电商到近两年的社交电商等，商家可以不用出门，坐在家里就把货卖了。

但是，我们也看见，售货方式已经呈现出多样化，家门口的小超市、社区街边的"游商"、专门的商业街，如春笋般崛起的电商、微商、直播带货等，在这样一个销售方式"百花争艳"的时代，电商无疑是销售主流。而那些还没有跨入电商、微商、直播带货的传统企业，势必要思考如何随着时代与时俱进了。

微利时代的赚钱之道

前文我们举例，一盒12色的水彩笔，在线下超市大概售卖12元，但是在某宝这样的电商平台，却只卖到5元左右。由此可见，我们除了进入电商时代之外，还进入了微利时代。

微利时代，从字面意思来看就是"利润微薄"，这对于企业来说并不是一个"好的时代"，企业的利润被压缩。以眼镜业为例，10多年前，眼镜是一个暴利行业，线下眼镜行、眼镜商家，不论是知名度高的大品牌，还是默默无名的小品牌，配一副眼镜动辄三五百元，这都是便宜的。然而现在，我们配一副眼镜，不要说从某宝上配一副只需要百十元钱，哪怕是线下店，配一副眼镜也同样不过是百十元钱。

10多年前，眼镜行业中400元—900元的客单价居多，按这样算，一副700元钱的眼镜，毛利在500元左右，毛利率约为70%。现在，以北京某家平民眼镜行为例，里面不同材质、不同档次的眼镜框比比皆是，最便宜的眼镜框只有30元钱，贵的300元钱。如果选择一副100元的眼镜框，整个眼镜配下来只需110元。

曾经动辄千八百元钱配一副的眼镜，如今跌落到百八十元钱配一副。当然，眼镜行业早在几年前就被媒体曝光属于暴利行业，这在大多数产业、行业中也是一个典型。我们通过眼镜的价格从"云跌落泥"可以看出，现在我们已经进入了微利时代。

那么，微利时代对企业的影响有哪些呢？

（1）压缩企业利润空间，降低企业竞争力。企业在微利时代需要更加注重成本控制和效率提升，才能保持盈利水平。

（2）催生企业创新。在微利时代，企业需要不断创新，发掘新的市场和业务模式，以增加收入和利润空间。

（3）加快企业转型升级。企业在微利时代需要更加注重产品品质和品牌形象的提升，加强与客户的沟通和互动，提高服务水平，实现企业转型升级。

（4）加强企业合作。企业在微利时代需要加强合作与联盟，共同发掘市场机会和资源共享，提高市场影响力和竞争力。

（5）促进企业社会责任的履行。微利时代下，企业需要更加注重社会责任，以回馈社会，提高企业形象和品牌价值。

通过将微利时代对企业的影响分要点阐述之后，我们发现，微利时代对于企业来说并不是只有劣势，而在某种程度上也推进、促进企业自身的改革和发展。比如，微利时代最明显的特点就是压缩企业利润空间，但是这也让企业开始反省如何能够更好地控制成本。此外，因为利润被压缩，企业就开始从创新、转型升级等方面进行自身的改革，如此一来，微利时代对于企业来说"钱不好赚了"，在努力赚钱的过程中要将企业管理、企业发展等提升到更高的高度。

不过，对于企业来说，在微利时代，应该将注意力放在哪些方面也非常重要，在这里，浅显地将赚钱的方向总结出六点，以供大家参考。

（1）用好互联网平台。利用互联网平台去销售产品或服务可以降低成本、提高效率、扩大市场。例如，开设网店、使用社交媒体和搜索引擎等来进行推广。

（2）开展创新业务。通过创新来满足消费者的需求和市场的变化，从而扩大市场份额并增加收入。

（3）打造品牌形象。注重品牌形象建设，提高品牌知名度和忠诚度。通过品牌形象的打造来吸引更多的消费者，提高销售额。

（4）降低成本，提高效率。通过优化生产流程，采用更加环保和节能的技术等方式来降低成本。

（5）开展多元化经营。企业应该开展多元化经营，利用现有的资源和技术来开展更多的业务，从而增加收入。例如，能够利用现有的物流运营能力和技术来开展物流服务。

（6）承担社会责任。企业应该通过开展公益活动、做出环保行动等方式来提高企业形象和信誉度，从而进一步增加销售额。

总之，随着互联网和信息技术的日益发展，微利时代已经到来。在这个时代，企业需要注意的是，无论是整体经济环境还是市场竞争格局，都将发生深刻的变化。但是，微利时代也为企业带来了五个机遇。

机遇一，微利时代为企业提供了低成本的运营模式，通过优化组织结构、提高效率和降低成本，企业可以通过自身改革更好地在这个时代中生存和发展。

机遇二，微利时代是创新发展的时代，企业需要加强创新、发掘新机遇、探索新市场和新产品，从而提升企业本身的创新能力，只要企业具有创新意识、创新能力，无论大环境如何改变，企业总能在竞争中保持稳步前进的态势。

机遇三，微利时代要求企业提供更好的服务，以提高顾客满意度，从而提升品牌声誉和市场份额。

机遇四，微利时代让企业更加注重微营销，通过社交媒体、微信、微博等方式，将品牌推广到更多的人群中。

机遇五，微利时代推动了大数据的发展，企业可以通过大数据分析，深入了解市场需求和顾客行为，更好地制定营销策略和产品设计方案。

微利时代是一个全新的挑战和机遇，企业需要更加敏锐地洞察市场，抓住机遇，进行创新和转型，才能在这个时代中获得稳健的发展。

驱动客户时代的三大要素

客户时代指的是在一个商业环境中，客户的权利和利益得到更多的尊重和关注，企业需要更加注重客户的需求和反馈，以提供更好的产品和服务。在客户时代，市场竞争越来越激烈，客户变得更加挑剔和有选择性，企业需要建立积极的客户关系，以保持竞争优势和业务增长。客户时代的出现，标志着企业的经营理念和营销策略的转变，从以企业为中心转变为以客户为中心。

客户时代对于企业而言，销售理念从始至终都是"以客户为主"，作为企业都深知自己的产品、服务、品牌等，最终都需要客户来买单，这里的客户可以是消费者，也可以是某个消费群体。也就是说，不管是大中型企业还是小微型企业，甚至是街边的线下店铺，都遵循"以客户为主"的原则。

所以，客户时代对于企业并不陌生，但是客户时代的到来，对企业又有怎样的要求呢？我们分以下七个方面进行阐述。

1. 客户体验

客户要求企业提供良好的服务和产品，以满足客户的需求，让客户感到愉悦和满意。客户体验是从商业萌芽时期就具有的特点，客户体验很重要，从简单的买卖交易中就能了解到，客户如果感觉购买体验很好，那就会成为商家的"回头客"；如果体验不好，客户就会觉得与商家的交易只是"一锤子买卖"。在客户时代，更是要求企业从多方面提升客户体验感。

2. 个性化服务

客户希望企业能够根据自己的需求和喜好提供个性化的服务和产品。其实，个性化服务多少也是归于客户体验的，什么叫作个性化服务？通俗来说就是"见什么人说什么话"，企业在服务过程中让客户感觉到自己是"独一无二"，或者是在整个过程中感受到"舒适"。很多企业也专门提供"个性化服务"，以此吸引客户。

3. 高质量产品

客户期望企业能够提供高质量的产品和服务，以满足客户的需求和期望。高质量产品无论进入什么时代，保持自身竞争力是其根本要素。没有高质量产品，再好的服务都好像没有夯实基础的大厦，最终也不过是"看他起高楼，看他迎宾客，看他楼塌了"的过程。

4. 价格合理

客户要求企业提供价格合理的产品和服务，以保证客户的购买力和满意度。现在的客户，其消费行为、消费习惯、消费心理都非常理智，已意识到"赚钱不易，花钱很快"，因此在购买产品、服务上，货比三家都是少的，很多消费者对同款产品货比三十家，而对商品进行比较的重要因素之一——价格。只有合理的价格才能让企业赢得更多客户的青睐，企业想要吸引更多客户、提升客户忠诚度，就要在价格上设置合理，以诚信换诚心。

5. 透明度和诚信

客户要求企业诚实、透明和公正地与客户交流和互动，建立信任和忠诚度。这一点是企业不管处在哪一个时代，都必须要具备的良好品德。没有诚信的企业是走不长远的，没有诚信的企业就无法获取客户口碑，再多的交易也只能烙上"一锤子买卖"的印记。

6. 快速响应和解决问题

客户希望企业能够快速响应和解决问题，确保客户的满意度和忠诚度。这一点实际上是企业服务的补充，企业的售后服务是非常重要的，我们发现很多客户在购买产品之后，如果产品出现问题，企业能够第一时间以良好的态度与之沟通，实际上客户对产品并不会有过多苛责。但是，如果在客户提出问题后，企业能拖就拖，甚至是不理不睬，客户就会非常愤怒，甚至出现举报企业等过激行为。所以，售后服务的快速响应和及时跟进，是企业留住客户的重要手段之一。

7. 与客户互动和沟通

客户希望企业与其保持互动和沟通，以了解客户需求和反馈，提高产品和服务的质量及效益。客户时代最重要的就是突出企业服务，满足客户心智，提升客户的忠诚度。

我们再来聊一聊驱动客户时代的三大要素。

（1）个性化服务。客户已经习惯了个性化的服务，他们希望企业能够更好地了解他们的需求和偏好，并提供相应的服务。个性化服务可以通过数据分析、人工智能等技术手段来实现，以提高客户满意度和忠诚度。

（2）多渠道营销。客户已经习惯在多个渠道上获取信息和购买产品，如社交媒体、电子商务平台、线下实体店等。企业需要在多个渠道上进行营销，根据不同的渠道特点和客户需求，制定不同的营销策略，从而提高转化率和销售额。

（3）强化客户体验。客户体验是客户对企业的印象和评价，它可以影响客户的购买决策和口碑传播。企业需要关注客户在购买、使用、售后等各个环节的体验，并不断优化和改进，提升客户满意度和品牌形象。

一直都知道，保险公司在客户服务、客户体验方面比其他行业更有经验，下面以一个与之相关的案例，更细致地了解客户时代，企业应该如何把握客户。

某家保险公司通过分析客户数据和市场趋势，意识到客户对保险理赔的速度和效率越来越重视。公司决定引入在线理赔系统，并且在客户服务中心增加专门的理赔服务人员。

在线理赔系统允许客户在手机或电脑上提交理赔申请，无须亲自前往保险公司或邮寄申请。客户可以随时随地提交申请，并且系统会实时跟进理赔进程，提供及时反馈和更新。这大大节省了客户的时间和精力，同时提高了理赔效率。

客户服务中心的理赔服务人员也将在 24 小时内确认并处理客户的理赔请求，及时跟进理赔进展。如果有特殊情况，他们会及时与客户联系，为其提供解决方案和建议。

这些改进措施提升了客户的满意度和忠诚度。客户通过在线理赔系统提交理赔申请后，感受到了更便捷和高效的服务。同时，客户服务中心的理赔服务人员通过及时地与客户沟通，让客户感受到了更加人性化的服务。

这个案例证明了通过深入了解客户需求和市场趋势，并引入更加智能化的服务和更加专业化的人员，可以有效提升客户满意度和忠诚度。

第二章
后疫情经济时代，企业重构商业底层逻辑

随着疫情得到控制，经济逐渐复苏，企业也需要进行重构，重新审视商业底层逻辑，以适应后疫情时代的新形势和新挑战。

首先，企业需要重视数字化转型和创新。在疫情防控期间，数字化与在线业务的需求迅速增长，这也使得数字化转型成为企业重要的战略转型方向。企业需要加快数字化转型步伐，利用新技术和新模式提高效率、降低成本、增强竞争力。

其次，企业需要重新思考商业模式和运营方式。疫情防控期间，很多行业和企业的商业模式、运营方式都被迫改变，这也带来了新的商业机会和挑战。企业需要重新审视自身的商业模式和运营方式，结合新的市场需求和消费趋势，进行创新和优化。

最后，企业需要加强风险管理和应急预案建设。疫情的突发，也揭示出了企业在风险管理和应急预案方面的不足之处。在后疫情时代，企业需要更加重视风险管理和应急预案的建立和实施，以应对各种潜在的风险和挑战。

总之，后疫情时代，企业需要进行重构，重新审视商业底层逻辑，以便更好地适应新的市场和竞争环境。数字化转型、商业模式创新和风险管理都是企业必须重视和实践的方向。

打造商业模式的闭环,争夺竞争优势

商业模式的闭环是指企业在经营过程中,通过不断的循环流转,形成有机的运营系统,实现企业可持续发展的一种商业模式。具体包括以下五个方面。

1. 产品或服务的设计和生产

企业从市场需求出发,设计和生产具有差异化竞争优势的产品或服务,以满足消费者需求。产品的设计和生产,是商业模式闭环的开端,没有产品、服务,就没有所谓的商业模式闭环。

2. 销售和营销

企业通过有效的销售和营销策略,将产品或服务推向市场,吸引顾客购买。当产品设计出来之后,投入市场上的产品需要被销售出去,企业以"销售"产品赚取"利润"这一流程来维持企业的收支,保障企业的发展。所以,这个环节决定了企业的成败。

3. 供应链管理

企业通过优化供应链,确保产品或服务的及时交付和质量保证。对于很多企业来说,供应链一旦断裂,就会导致自己陷于瘫痪。每一个企业都要有一个完整的供应链,对供应链的管理决定着企业产品能否源源不断地产出。

4. 客户服务

企业通过完善的客户服务体系，为客户提供售后服务和回馈机制，保持客户忠诚度和口碑。客户第一次购买与第 N 次购买一样重要，产品再好，没有客户购买就不是好产品。

5. 数据分析和优化

企业通过收集和分析市场与客户数据，不断优化产品或服务的设计和运营模式，提高企业运营效率和盈利能力。

以上几个环节相互关联、相互促进、相互反馈，构成了商业模式的闭环。企业需要不断地调整和优化这些环节，才能适应市场的变化，实现可持续发展。

所谓商业模式闭环，即将企业各个环节的流程与数据有机结合，追求全流程闭合，从而实现价值的最大化。

企业如何打造商业模式的闭环，可以从以下五个方面入手。

1. 市场研究与分析

市场研究与分析是制定商业模式的基础。企业需要通过市场研究了解市场的需求和趋势，明确目标客户的需求和价值，同时对竞争对手的情况进行分析，从而制定出符合市场需求的商业模式。

2. 客户体验与服务

客户体验和服务是企业的竞争优势之一。通过将客户体验和服务纳入商业模式的闭环中，可以实现全流程闭合和持续改进。企业需要了解客户的需求和反馈，不断优化产品和服务，以提升客户满意度和忠诚度。

3. 供应链管理

供应链管理是商业模式闭环中不可或缺的一环。企业需要与供应商建立稳定的合作关系，实现供需匹配，同时对供应链上各个环节进行监控，确保产品质量和交付的及时性。

4. 数据分析与应用

数据分析与应用是商业模式闭环中的重要环节。企业需要收集、整合和分析各种数据，包括市场数据、客户数据、产品数据等，从而获取有价值的信息，指导企业的决策和运营。

5. 品牌建设与营销

品牌建设与营销是商业模式闭环中的另一个重要环节。企业需要通过品牌建设和营销活动，提升品牌知名度和美誉度，吸引更多的客户和市场份额。

通过打造商业模式的闭环，企业可以实现全流程闭合和持续改进，提升客户体验和服务水平，从而在市场竞争中争取优势。

一个成功的商业模式需要一个闭环，这个闭环可以帮助企业实现持续增长，获得高额利润。以Uber（优步）为例。Uber（优步）是一家基于互联网的出租车服务公司，它的商业模式闭环很好地解决了传统出租车服务所面临的挑战。

首先，在需求方面。Uber（优步）的服务解决了人们在城市中的交通问题。乘客可以通过App随时叫车，而无须在街头等待。此外，Uber（优步）还提供了一种更加安全、卫生、舒适的交通方式，甚至还有各种各样的车型可供选择。

其次，在供应方面。Uber（优步）的供应链非常简单，它不需要拥有任何实体出租车，而是将司机与乘客连接起来。司机可以随时通过Uber（优步）的App查看附近有哪些乘客需要被接送。

再次，在收入方面。Uber（优步）的收入来自司机的服务费用，它通过提供更加高效的服务来吸引更多的乘客，从而使司机的收入增加。

最后，在营销方面。Uber（优步）的营销非常精准，它通过推广优惠活动、邀请奖励等方式吸引乘客使用其服务。此外，Uber（优步）还利用社交媒体和在线广告来推广其品牌。

通过上述四个闭环，Uber（优步）成功地创建了一种全新的出租车服务模式，并且在全球范围内取得了巨大的成功。

以品牌画像为切入点，追求永续经营

品牌画像指的是企业或品牌在消费者心目中的形象和印象，包括品牌的特点、风格、形象、文化、价值观等。品牌画像是由消费者对品牌的感受和认知所形成的，它反映了品牌在消费者心中的地位和影响力，对企业的品牌推广和宣传具有重要的指导意义。企业需要通过市场调研和品牌建设来塑造自己的品牌画像，提升品牌美誉度和竞争力。

品牌画像可以被视为企业的形象代表，是企业的公众形象和内部形象的总和，对企业的发展具有促进作用。

1. 树立企业形象

品牌画像是企业在消费者心中的形象代表，因此，一个好的品牌画像可以帮助企业树立积极的形象，提高品牌知名度和美誉度，增加品牌忠诚度。很多企业品牌因为有一个很好的企业故事，或者是品牌形象，让消费者对品牌、产品、企业都心生好感。作为消费者，面对一个品牌肯定是要通过品牌形象来认识，而品牌画像对于消费者来说是直观地了解某个品牌、企业的最佳途径。

2. 提高品牌价值

品牌画像可以显著提高企业的品牌价值，因为它可以使消费者对企业的产品和服务形成认知和信任，从而使企业的产品和服务获得更高的市场认可度和市场份额。品牌画像往往能够直接入驻消费者的消费心理，抢占客户心智高地。例如，一位女性消费者在购买某知名护肤产品时，尽管仿照该产品的其他护肤品牌在价格上比正品便宜几倍，但是她最终选择正品，就是因为品牌画像不仅刻入了其心里，而且提升了品牌价值。

3. 带动销售增长

一个好的品牌画像可以带动销售增长，因为消费者对品牌形象的认可和喜爱可以激发他们的购买欲，从而增加企业的销售额和市场份额。拉动销售大幅增长。

4. 促进企业发展

品牌画像可以帮助企业建立品牌信任度和品牌忠诚度，为企业带来更多的商业机会和发展空间。

5. 提高企业竞争力

品牌画像可以提高企业的竞争力，因为它可以帮助企业建立独特的品牌形象，从而使企业在激烈的市场竞争中脱颖而出，提高企业的竞争力和市场占有率。举个例子，说到花露水也是有很多品牌的，暂且不说高端品牌，即使我们平时使用的一些品牌，从价格上比，有的相对来说比较贵。但是，作为消费者本身，哪怕贵一点都会选择知名品牌，原因就是品牌画像已经入驻消费者心里。

在了解品牌画像之后，我们再来谈一谈企业该如何以品牌画像为切入点进行经营。

首先，品牌画像并不是"头脑风暴"画出来的，而是需要了解目标消费者的年龄、性别、教育水平、职业、收入、生活习惯等信息，从而有针对性地制订商业计划。我们需要让精准的目标消费者对品牌画像有所记忆，比如婴幼儿产品，对于企业来说，其品牌画像是需要吸引儿童还是需要吸引家长？毫无疑问，是需要吸引家长。

就婴幼儿必备的奶瓶来说，市场上我们能够数得上的品牌就有很多，家长在选择的时候，大都是基于自己对某个品牌的理解、喜好。所以，品牌画像中哪个品牌最符合家长需求，哪个品牌自然是销售量更大。

在这一点上，还需要建立品牌形象，通过品牌的特点和形象来吸引目标消费者。例如，对于年轻人可以强调品牌的时尚和个性，对于老年人可以强调品牌的健康和安全。

其次，提供个性化服务。根据不同消费者的需求和偏好，提供个性化的服务和产品。例如，对于年轻人可以提供时尚、新潮、个性化的产品及服务；对于老年人可以提供健康、安全、实用的产品及服务。

与此同时，企业更要提高服务质量，通过提高服务质量，提升目标消费者的满意度，从而提高忠诚度和推荐率。

最后，增加社交互动。通过社交媒体、客户服务和线下活动等方式增加目标消费者的社交互动，提高品牌知名度和信任度，从而促进销售增长。在这里，还需要企业开展"跟踪服务"即跟踪消费者反馈，通过定期收集消费者的反馈和建议，及时进行优化和改进，增强目标消费者的满意度和忠诚度，从而提高整体经营效益。

总之，明确的品牌画像有利于在消费者心里树立品牌形象，有利于推动品牌宣传。

聚焦消费者，实现品牌溢价的持续增值

首先，我们要了解一下"品牌溢价"这个概念。品牌溢价（Brand Premium）是指品牌产品或服务的售价高于同类非品牌产品或服务的价格，这种差价可能是由品牌所创造的额外价值和消费者情感认同所引起的。品牌溢价是一种经济学上的现象，它是品牌价值的一部分，反映了品牌在市场中的地位和竞争力。品牌溢价可以帮助企业建立高质量和高声誉的形象，并提高品牌忠诚度和市场份额。

对于企业来说，想要做到品牌溢价，至少需要从以下五个方面下

功夫。

1. 建立品牌形象

品牌形象是一个企业在消费者心中的印象，包括品牌VI、EI、AI及产品质量和服务等方面。企业需要通过各种渠道（如广告、公关、社交媒体等）来传递自己的品牌形象，以使消费者对其产生认知和好感。

2. 开拓市场

企业需要不断开拓新的市场，并寻找新的客户。通过对市场和消费者的研究，企业可以了解他们的需求和偏好，以开发出更符合市场需求的产品和服务。

3. 提高产品质量和服务水平

产品和服务的质量和水平越高，消费者就越愿意为它们支付更高的价格。因此，企业需要不断提高产品和服务的质量和水平，以提高消费者对其品牌的信任和认可度。

4. 建立和维护品牌口碑

品牌口碑是消费者对品牌的评价和看法，是品牌形象的重要组成部分。企业需要通过良好的产品质量和服务、社会责任和公益活动等方式来建立和维护品牌口碑。

5. 利用营销手段

企业可以通过各种营销手段（如促销、赞助、品牌合作等）来提高品牌的知名度和认可度，从而实现品牌溢价。

总之，品牌溢价是建立在品牌形象、口碑和信誉基础之上的，是消费者对于品牌价值、品质和形象的认知和信任的体现，能够帮助企业在市场上建立差异化优势，提升产品的竞争力和盈利能力。

但是，我们很多企业的品牌并不是一些大品牌，所以对于普通的企业品牌，或者是新生的品牌来说，该如何实现品牌溢价的持续增值？对此，我们总结出以下五个要点。

1. 不断提高产品和服务的质量

品牌溢价与产品和服务的质量直接相关，提高产品和服务的质量可以增强品牌溢价。品牌溢价是指消费者因认可品牌而愿意为品牌产品支付比同类竞争产品更高的价格。产品和服务的质量是品牌溢价的重要因素之一，因为品牌溢价建立在品牌声誉和品牌形象的基础上，而品牌声誉和品牌形象是由产品和服务的质量、特点和差异化所决定的。

当品牌的产品和服务具有高品质、高性能、高可靠性、高附加值等特点时，消费者会对品牌产生信任感和忠诚度，愿意为品牌产品支付溢价。相反，如果品牌的产品和服务质量不佳，消费者会对品牌失去信任感和忠诚度，不会愿意为品牌产品支付溢价。

因此，品牌溢价与产品和服务的质量直接相关，品牌要想保持和提高品牌溢价，必须注重产品和服务的质量，不断提升品牌的竞争力和附加值，满足消费者的需求和期望。

2. 不断创新

持续的创新可以增强品牌的差异化，从而提高品牌溢价。创新可以是产品创新、服务创新或者营销创新。

持续创新是提高品牌溢价的关键因素之一。通过不断地引入新的产品、服务、技术和市场策略，企业可以不断地提高其品牌的价值和知名度，从而增加消费者对其产品或服务的认知度和信任度。而这种认知度和信任度可以转化为品牌溢价的提高，使企业在市场上获得更高的利润率和市场份额。

持续创新可以带来许多好处，如提高产品质量、降低成本、提高生产效率、创造新的市场机会等。这些好处可以进一步促进企业的品牌溢价，因为消费者会愿意为高品质、创新和独特的产品或服务支付更高的价格。

另外，持续创新还可以帮助企业建立强大的品牌形象和品牌声誉，这可以进一步提高品牌溢价。因为消费者通常更愿意购买知名度高、品牌形象良好、声誉高的产品或服务，因为它们传递出的是一种品质和信任的信号。

因此，持续创新是提高品牌溢价的重要途径之一，企业应该注重不断地创新和改进产品、服务和市场策略，以提高自身品牌的价值和知名度。

3. 建立良好的品牌形象

良好的品牌形象可以增强品牌溢价。一个好的品牌形象代表着品牌的可信度、稳定性和高品质的产品或服务。当消费者对品牌有信任感和好感时，他们更愿意购买该品牌的产品或服务，并且可以接受更高的价格。因此，一个具有良好品牌形象的企业可以更好地实现溢价，并且在面对竞争对手时更具优势。

良好的品牌形象还可以增加消费者的忠诚度。消费者通常会选择信任和喜欢的品牌，并且在未来的购买中更倾向于再次选择该品牌。这种忠诚度可以帮助企业更好地维持客户，降低客户流失率，节省营销成本，增加利润。

4. 加强品牌营销

对品牌进行有效的营销可以提高品牌知名度和品牌价值，从而增强品牌溢价。品牌营销是企业通过各种渠道、手段推广品牌、树立品牌形象的过程，旨在让目标消费者认知、认同、信赖品牌，从而促进销售。增强品牌溢价是指消费者愿意为某个品牌付出更高的价格，而不是因为产品本身的价值。加强品牌营销可以有效提高品牌在消费者心中的地位和认知度，从而进一步增强品牌溢价。

5. 关注消费者需求

消费者需求是品牌价值的源泉。关注消费者需求，不断调整和优化产品和服务，可以增强品牌溢价。

消费者需求是品牌价值的重要来源之一。品牌价值是指消费者对品牌的认知、信任和忠诚度，是品牌在市场中的竞争力。消费者需求是品牌价值的源泉，因为品牌的成功与否取决于它是否能够满足消费者的需求和期望。

消费者需求可以分为两种：基本需求和附加需求。基本需求是指消费者对产品或服务的基本功能和性能的需求，如质量、价格、功能等；附加需求则是指消费者对产品或服务的附加价值的需求，如品牌形象、服务质量、社会责任等。

品牌通过不断满足消费者的需求和期望来提高品牌价值。通过研究消费者的需求，品牌可以不断改进产品或服务，提高品质和性能，满足消费者的基本需求。同时，品牌可以注重营造品牌形象，提高服务质量，关注社会责任，来满足消费者的附加需求。这样，品牌可以不断提高消费者的认知、信任和忠诚度，从而增强品牌价值。

驱动企业从"复工复产"转入高速发展阶段

回顾三年疫情,对于企业来说,不管从发展的哪个方面来看都是被重创的三年,在疫情防控期间,企业遭受了不同程度的打击,具体体现在以下五个方面。

1. 生产停滞或减产

由于疫情导致员工生病或被隔离,企业的生产受到了严重影响,很多企业不得不停产或减产。发展到后期,整座城市静止,对于企业来说,转不动的车间、空无一人的岗位,最终让企业难承重负。

2. 供应链紊乱

由于疫情影响全球物流运输,很多企业的供应链中断,导致原材料供应不足或延迟,企业不得不停止生产的脚步,加之缺少中间商的供应,有些企业寸步难行。

3. 市场需求下降

受疫情的影响,消费者的消费意愿下降,导致市场需求减少,很多企业的销售额直线下降。消费者更愿意将钱存在银行,而不愿意消费,在这样的消费环境下,没有一家企业能够幸免于难。

4. 人力成本增加

受疫情的影响，企业需要采取各种措施保障员工的健康和安全，如增加人员、购买防疫用品等，这些措施都会增加企业的人力成本。人力成本的无形增加，让企业倍感压力，在恶劣的经济环境下，多数企业，尤其是国内小型、微型企业负重而行。

5. 资金压力加大

受疫情的影响，企业的现金流出现困难，导致资金压力加大，很多企业面临着破产的风险。市场不乐观，消费者理性消费，销售额直线下降，还有企业成本支出，需要支出的钱款比比皆是，但是入账却寥寥无几，资金压力压垮了不少在疫情中挣扎的企业。

现在被称为后疫情时代，进入后疫情时代的企业，要做的第一件事就是"复工复产"，如何做到从"停休"到"复工复产"，大致可以从以下五点开展。

1. 调整经营策略

企业在疫情防控期间的生存和发展已经面临了严峻的挑战，因此需要对未来的经营策略进行调整。针对后疫情时代，企业应该加大在线化、数字化和智能化投入，加强产品和服务创新，提高供应链的弹性和可靠性，以适应消费者需求的变化。

2. 加强资金管理

由于疫情导致的停工、停业和供应链断裂等因素，企业可能面临资金短缺的困境。因此，企业需要加强对资产和负债的管理，制订合理的预算和现金流规划，积极寻找融资渠道，减少不必要的支出和浪费。

3. 增强企业品牌形象

企业需要通过坚持品质、服务和社会责任等方面来提升品牌形象，吸引消费者的关注和信任。企业还可以加强与消费者的互动与沟通，借助社交媒体等渠道传播正面信息和品牌价值。

4. 优化人才管理

企业需要加强对员工的关怀，提高福利和待遇，加强员工培训和发展，优化人才管理，提高员工的忠诚度和满意度。这将有助于提高员工效率和企业竞争力。

5. 开拓新市场

企业可以考虑在开拓新市场，以增加收入和扩大业务规模。这可以通过市场调研、产品创新、合作伙伴关系建立等方式来实现。企业应该制订合理的市场拓展计划，以满足新市场需求和提高客户满意度。

不过，作为企业，在后疫情时期努力"复工复产"的同时，也要静下心来求稳、求妥，比如在"复工复产"期间还是要注意防疫，尤其是室内办公场所，对于复工复产的员工，企业应该做到三点。首先，企业需要对员工进行培训，因为很多员工已经很久没有在工作岗位。员工培训，一是让员工熟悉工作，二是提升员工凝聚力。其次，在日常工作中，探索灵活的工作模式，以防再有隔离等意外发生时，员工能够直接处理公司相关事务。最后，不管是创新产品还是开拓新市场，在复工复产阶段也要做好市场调研，经过长时间的停工，企业应该花时间掌握市场需求。

复工复产之后，企业该如何转入高速发展阶段？我们认为有以下五方面。

1. 细化企业发展战略

企业应该根据当前市场形势，重新制定发展战略和营销策略，并逐步调整业务结构和组织结构，以适应市场需求的变化。三年疫情改变的不仅仅是企业发展轨迹，也改变了市场需求，我们从新闻报道能够看到最明显的一个现象，就是奢侈品牌门店的大规模闭店。疫情前，高端奢侈品牌门店前排队，现在关闭了一家又一家。

与此同时，我们发现，消费者的消费习惯、消费行为也在改变，如果不跟着新的市场需求改变发展战略，企业是无法进入高速发展阶段的，甚至在复工复产后更会负重难行。

2. 提高生产效率

企业可以通过提高生产效率和降低成本来提升竞争力。在生产过程中，可以运用自动化、智能化技术，提高生产效率，减少人力资源的浪费。这一点在任何一个发展阶段都是重中之重，疫情后最大的一个特点就是自动化、智能化技术盛行，自动化让企业节省了人力支出，同时提高了生产效率和产品质量。

3. 加强品牌建设

品牌是企业的重要资产之一，企业应该加强品牌建设，提高品牌知名度和美誉度。通过不断提升产品质量和服务品质，树立企业形象，提高市场占有率。品牌永远都是被消费者选择的一个重要因素，虽然高端奢侈品牌在国内市场上压缩，但是平民品牌却让国民趋之若鹜。

4. 增加研发投入

对于一些有能力的企业应该加大研发投入，不断提升产品的技术含量和附加值。通过技术创新，开发出更具竞争力的产品，满足市场需求，提高企业的市场占有率。看一个小小的例子：削笔刀，作为小学生日常学习工具都是随身常备，但是，现在小学生为了能够在学校随时削铅笔，就会在学校放一个削笔刀。令人感到惊讶的是，一个班四十多个孩子中，至少三分之二的孩子都选择了自动削笔刀。

自动削笔刀比一般手动削笔刀在价格上贵 2—3 倍，甚至 10 倍，然而，自动削笔刀却成为家长们的首选。所以，企业需要通过调研清楚地知道目标消费群体的消费心理，从而加大对产品的研发投入，从功能、质量上胜出的产品，相对来说利润也会高一点。就好比卖出 2.5 元一个普通手动削笔刀和卖出一个 29 元普通自动削笔刀，哪个会赚的利润更多一点？

5. 加强人才培养和引进

人才是企业的核心资源，企业应该加强人才培养和引进，建立完善的人才管理机制。通过提升员工技能水平和素质，推动科技创新和企业发展。疫情过去了，人才招聘也成为企业发展的大事，企业想要快速发展，离不开人才的培养和引进，这一点企业也都有所感触。

综上所述，想要企业从复工复产到高速发展，必然要从自身提升，要做到设计发展方案时与时俱进，加强品牌形象时不遗余力，在保持企业稳妥进步的前提下，同构对产品的创新、研发，通过招聘人才等方式，推进企业发展的步伐，尽快从复工复产转入高速发展阶段。

突破企业边界，用互联网思维促"自我生长"

企业互联网思维是指企业在运营和发展中所采用的一种基于互联网技术和理念的思维方式。它是一种以客户为中心，注重数据分析和创新的思维方式，企业通过构建数字化平台、拥抱新技术和创新模式，实现更加高效、快速、灵活的经营和管理。

企业互联网思维在实践中主要表现为以下四个方面。

1. 客户体验至上

企业将用户的需求和体验放在首位，通过持续的用户反馈和数据分析来不断完善产品和服务。

2. 数据驱动

企业通过大数据分析等技术手段来获取和分析数据，从而在运营和决策中做出更加精确和科学的决策。

3. 创新模式

企业不断探索新的商业模式和运营方式，积极拥抱新技术和新潮流，不断创新。

4. 平台化战略

企业通过建立数字化平台，创造更多的价值和流量，并实现企业的业务闭环。

总之，企业互联网思维是一种以客户为中心、数据驱动、创新模式、平台化战略的思维方式，是现代企业不可或缺的一种经营和管理方式。

作为刚起步的小企业，或者是正处于边界线前发展了三五年的成熟企业，又该如何突破企业边界，需要注意哪些方面？

一是打破既有结构。企业需要突破既有的组织结构和经营模式，寻求新的发展方向和商业模式。

二是创新技术应用。企业需要积极应用新技术，如人工智能、大数据、物联网等，以提升效率和创造新的商业价值。

三是合作共赢。企业需要与其他企业、产业链上的合作伙伴、投资人等建立密切的合作关系，共同发展和分享利益。

四是突破地域限制。企业需要面向全球市场，打破地域限制，积极拓展国际业务。

五是人才战略。企业需要制定科学的人才战略，吸引和留住优秀人才，提升企业的创新能力和竞争力。

六是提升品牌价值。企业需要重视品牌建设，建立良好的品牌形象和口碑，提升品牌的价值和市场占有率。

七是开放创新。企业需要开放创新，与外部创新资源进行合作，加快创新速度和提升创新质量。

企业突破边界，在发展过程中通过互联网思维实现自我生长，看似逻辑的一条线上，作为企业更应该注意哪些方面？或者说在企业发展过程中，需要在哪几个方面投入较多的精力、物力，甚至是财力？

1. 打造有影响力的品牌形象

通过互联网渠道,建立良好的品牌形象,提升品牌知名度和影响力,从而增加用户群体和市场份额。本章出现最多的就是"品牌形象",作为企业一定要树立一个良好的品牌形象。看社会热点新闻,有些一开始发展得挺好的企业,因为不注重品牌形象,企业和品牌就像是拐了个急转弯,在高速发展的路上,突然直降而下。这种案例很多,感兴趣的可以上网查一下,品牌形象是企业的羽毛,爱护羽毛才能飞得更高。

2. 构建优秀的用户体验

通过互联网技术,提供优质的产品和服务,打造良好的用户体验,增强用户满意度和忠诚度。用户体验永远是企业产品服务的根本,有了好的体验才会有后面的继续购买、继续合作,没有好的体验,用句俗语形容就是"上当受骗也就只此一次"。

3. 挖掘大数据价值

通过大数据分析,深入了解用户需求和行为,优化产品和服务,提高市场营销效果,增加用户黏性。企业管理者一定要切记数据要比"我觉得""我认为"更加重要,任何"我认为""我觉得"在数据面前、在数据分析的结果面前都不值一提。

4. 创新营销模式

通过互联网技术,开拓新的营销模式,如社交媒体营销、内容营销等,增加用户黏性和忠诚度。这一点将在后面的章节详细述及,电商时代最重要的就是选好营销模式。

5. 营造开放的企业文化

通过互联网平台，建立开放性的企业文化，鼓励员工创新和分享，增强企业的创新能力和竞争力。

6. 进行精细化管理

通过互联网技术，实现企业内部的信息化管理，提高管理效率和质量，从而优化企业流程和提高生产效率。

7. 加强合作与共赢

通过互联网平台，与相关企业和产业链进行合作，通过合作的方式实现互利共赢。

综上所述，打破边界，利用互联网思维让企业"自我成长"。熟悉互联网思维，运用互联网思维，利用互联网思维、互联网模式推动企业的发展，在行业竞争中抓住核心动力，保持竞争优势，这才是每一家企业管理者应该考虑并付诸实践的重点。

第三章
企业无论大小，裂变增长才是硬道理

企业要实现裂变增长，需要采取以下几个步骤：定位目标用户群体，建立用户画像，了解用户需求和痛点，制定符合用户需求的产品和服务；提供优质的产品和服务，确保用户满意度，从而促进口碑传播和用户留存；采用多种营销手段，如社交媒体营销、SEO优化、内容营销、众筹营销等，扩大品牌影响力和知名度；实施用户裂变策略，鼓励现有用户通过口碑推荐、分享、返利等方式吸引新用户加入，从而形成裂变式的增长；不断优化产品和服务，持续提高用户满意度和体验，从而保持品牌的良好形象和声誉，巩固裂变式的增长。

裂变增长不仅仅是推广营销和用户增长的问题，更是需要企业对产品和服务不断优化和升级，以满足用户的需求和期望，从而实现持续增长和发展。

每个企业都有机会十倍裂变增长

首先，我们要清楚的是十倍增长裂变是一种营销策略，旨在通过社交媒体和其他数字渠道，将一个品牌或产品的触及率扩大十倍以上。这可以通过多种方式实现，包括：利用社交媒体，鼓励现有客户与其社交网络分享品牌或产品信息，从而扩大品牌的影响力；利用电子邮件营销和其他数字渠道，向潜在客户发送定向信息，以吸引新的客户；创造有趣和有用的内容，以吸引更多的访问者和转化率；利用营销自动化工具，定期发送营销信息，以保持客户的兴趣和忠诚度。

关于十倍裂变增长，我们先来看五个案例：

1.TikTok（抖音）

TikTok（抖音）是一款流行的短视频应用程序，它在全球范围内迅速获得了极高的人气。TikTok（抖音）使用了裂变营销策略，为用户提供了大量的创意和乐趣，以便让他们与其他人分享。这导致了用户数量的迅速增长，从而使TikTok（抖音）成为一款全球最受欢迎的应用程序之一。

2.Dropbox（多宝箱）

Dropbox（多宝箱）是一款云存储服务，它允许用户在不同设备之间共享和同步文件。Dropbox（多宝箱）使用了"免费空间"策略，即为用户提供免费的存储空间，当他们邀请其他人加入Dropbox（多宝箱）并使用该服务时，就会获得更多的免费空间。这种策略使得Dropbox（多宝箱）的用户数量迅速增长，并且在全球范围内取得了巨大的成功。

3.Airbnb（爱彼迎）

Airbnb（爱彼迎）是一家在线房屋租赁平台，它允许用户在全球范围内租赁独特的住宿房屋。Airbnb（爱彼迎）使用了裂变营销策略，为用户提供了免费的住宿和旅行体验，以便让他们将Airbnb（爱彼迎）介绍给其他人。这种策略使得Airbnb（爱彼迎）的用户数量迅速增长，并且成为全球最受欢迎的在线房屋租赁平台之一。

4.Uber（优步）

Uber（优步）是一家在线打车服务，它允许用户在全球范围内叫车。Uber（优步）使用了裂变营销策略，为用户提供了免费的乘车服务和优惠券，以便让他们将Uber（优步）介绍给其他人。这种策略使得Uber（优步）的用户数量迅速增长，并且成为全球最受欢迎的在线打车服务平台之一。

5.Instagram（照片墙）

Instagram（照片墙）是一款流行的照片和视频分享应用程序，它允许用户在全球范围内分享自己的生活和经历。Instagram（照片墙）使用了裂变营销策略，将其应用程序与其他社交媒体平台集成，以便让用户将其照片和视频分享到其他平台上。这种策略使得Instagram（照片墙）的用户数量迅速增长，并且成为全球最受欢迎的照片和视频分享应用程序之一。

从案例中，我们能够看出，十倍增长裂变需要精心策划和执行，并需要不断监测和调整,以确保其成功。它可以帮助品牌在数字时代建立更广泛的影响力,并吸引更多的客户。作为企业管理者,想要实现十倍裂变增长需要做的不少,简单来说有五点需要注意。

1. 打造优质产品或服务

企业需要不断创新,提高产品或服务的质量,让客户感受到独特价值,从而增加用户口碑和忠诚度,实现快速裂变。还是老生常谈,产品和服务是企业的根本,没有好的产品和服务,一切都是水中月镜中花。尤其是现在消费者越来越理智,对于产品和服务再也不是花里胡哨的包装或者是天花乱坠的文案能让消费者心甘情愿掏钱的时代了。因此,优质的产品和服务是消费者所需要的,作为企业也一定要以好产品、好服务为基础才能更好地发展。

2. 建立完善的营销策略

企业需要通过各种渠道,如社交媒体、电子邮件、口碑传播等,将产品或服务宣传给潜在客户。同时,建立完善的营销策略,如促销活动、推荐计划等,激励现有客户推荐更多的潜在客户。营销策略需要通过多种渠道,以多样化的形式来完成,不拘于一种形式,不限于一个平台,我们可以通过微信公众号,也可以利用小红书,我们能够通过线下口碑传播,亦可以通过社交媒体传播。

3. 不断优化用户体验

企业需要关注用户的需求和反馈,不断优化用户体验,提高用户满意度和忠诚度。这将有助于吸引更多的新用户,从而实现快速裂变。用户体验是需要不断优化的,举个简单的例子,我们想要注册某个平台会员,结果这个平台会员注册页面洋洋洒洒几十项，甚至存在一些较为私密的问题，那么，用户在权衡之后可能就直接选择放弃。所以，现在很多平台打开后注册很简单，大概就是三到五项就完成。完成注册后再根据自己的喜好进入到"个人"页面进行补充。如此一来，这个平台至少是留住了一个用户。

4. 打造强大的社区

企业需要建立一个强大的社区，来与客户建立密切联系，让客户感受到被尊重和重视。通过社区活动、在线论坛等方式，促进客户之间的互动和交流，增加忠诚度和转介绍率。现在论坛互动已经不是主流了，而微信群互动是主流，不管是什么样的平台、什么样的群，作为企业一定要打造强大的社区，每个社区不止一两个群，而且有专门的工作人员负责群的维护工作。这样的群，不仅留住了用户，而且还能为企业提高销售额，创造利润。

5. 合理分析数据

企业需要通过数据分析，了解用户行为和偏好，制定更有针对性的营销策略和服务计划，提高用户转化率和留存率。同时，积极收集用户反馈和建议，不断改进产品或服务，提高用户体验和满意度，实现裂变。

所以，我们说企业都有十倍裂变增长的可能，不过，能不能实现，需要企业自身下功夫。但是，十倍裂变增长是企业都想要达成的目标和结果，因此如何又快又稳地获客，永远都是企业发展的重中之重。

内核式增长——低成本，发生快速裂变

内核式增长是指在经济发展过程中，新的增长模式将从内部创新和技术进步中产生，而不是依赖于外部因素如自然资源、外部市场等。这种增长模式可以提高经济效率和竞争力，促进经济可持续发展。内核式增长的关键在于加强科技创新、人才培养和知识产权保护等方面的投资，以推动技术进步和产业升级。同时，政府也需要提供相关的政策支持和基础设施建设，以创造良好的创新环境和市场环境。

需要注意的是，这里的"低成本"指的是营销中的低成本。营销中的低成本指的是在实现营销目标的过程中，尽可能地降低成本，以达到更高的收益率和利润率的一种策略。在进行营销活动时，低成本的方法可以包括利用社交媒体等免费的渠道进行传播、创造优惠促销、与其他品牌或机构合作推广等。低成本营销不仅可以提高企业的盈利能力，还可以提升品牌知名度和市场占有率。

企业想要利用低成本快速裂变，应该从六个方面入手：①利用社交媒体。通过社交媒体平台分享内容、产品或服务，吸引粉丝和潜在客户，并鼓励他们分享给自己的社交圈。②引入营销口碑。通过与影响力人物、博主或社交媒体达人合作，吸引更多的粉丝和潜在客户，并让他们成为自己

的品牌代言人。③优化营销策略。通过不断测试和优化营销策略，提高转化率和客户满意度，进一步扩大品牌影响力和市场份额。④创新产品和服务。不断创新产品和服务，满足客户需求，增加忠实客户和重复购买率。⑤拓展市场渠道。通过拓展线上和线下渠道，进一步扩大市场覆盖面，吸引更多客户和合作伙伴。⑥加强客户关系管理。通过个性化服务、快速响应和定期沟通，建立良好的客户关系，提高客户忠诚度和转介绍率。

那么，如何利用低成本快速裂变呢？下面以一家小型企业为模板，来看一下没有资金、没有更多渠道的小企业该如何实现低成本裂变。

一家小型创业公司为了扩大业务规模，使用了低成本快速裂变的策略，成功地吸引了更多的用户和客户。以下是该公司的案例。

（1）利用社交媒体进行裂变。该公司利用社交媒体平台，如Facebook、Twitter、LinkedIn，国内的则是知乎、今日头条等，发布有趣的文章和视频，并鼓励用户分享。这种裂变策略可以迅速扩大公司的品牌知名度，吸引更多的用户和客户。

（2）利用口碑传播进行裂变。该公司利用客户的口碑传播来扩大业务规模。鼓励用户在社交媒体上分享他们的体验、分享公司的优点和特点，吸引更多的用户和客户。

（3）利用营销活动进行裂变。该公司组织各种营销活动，如优惠活动、促销活动、抽奖活动等，吸引用户参与并分享，从而扩大公司的品牌知名度和用户群体。

通过这些低成本快速裂变的策略，该公司成功地吸引了更多的用户和客户，扩大了业务规模，提高了盈利能力。

看到上述案例是不是觉得低成本快速裂变也不算是难事，我们来分析以下案例。

1. 利用社交媒体进行裂变

现在的社交媒体太多了，随随便便就能列举出来。比如，Facebook（脸书）、Twitter（推特）、Instagram（照片墙）、YouTube（油管）、Snapchat（色拉布）、LinkedIn（领英）、pinterest（拼趣）、TikTok（抖音）、Reddit（红迪网）、Tumblr（汤博乐）、WeChat（微信）、微博、QQ、Line（连线）、Telegram（电报）、WhatsApp（瓦次普）、Signal（信使）、Clubhouse（无中文名）等。这些平台的特点——免费试用，其中也有些需要付费的，可以选择免费使用的平台，比如微信、微博等。

2. 利用口碑传播进行裂变

通过上述社交平台发布一些活动，转发活动、优惠活动等。比如我们最常见的就是，在微信朋友圈，某位朋友发了一个链接，文字写着"亲们，需要32个赞才能得娃娃，大家支持一下"。然后，不一会儿这位朋友就在评论群发了一条"感谢大家，已集齐32个赞"。借助朋友圈的威力，让一个用户裂变出32个用户，这32个用户即便只是打开链接浏览一下，也是为企业增加流量，更何况真正有趣的活动，或者是真正让用户感兴趣的活动，可能让32个打开链接的用户又变成裂变分子。社交平台的裂变传播一直久盛不衰，甚至在朋友圈出现了"点赞之交"的关系。

3. 利用营销活动进行裂变

活动好坏直接影响裂变速度和基数。对于更多消费者来说，什么样的营销活动才算是好的营销活动？第一，在某种程度上省了很多钱；第二，自己能够通过参与活动得到非常喜欢的赠品。对于营销活动来说，主打的就是给消费者省钱、优惠，所以一般参加营销活动的人是非常多的。最明显的例子，就是大型商超的营销活动，或者是电商平台的营销活动，大家也都有经历过，下载"叮咚买菜""每日鲜""美团买菜"等并注册下单，首单花10块钱能送半个大西瓜。这样的营销活动，消费者非常喜欢参加。

不过，在这里要提一下，营销活动相对社交平台营销，需要花费一定的成本，并非真正意义上的低成本。比如下载买菜App，之后，10块钱买了三根黄瓜，平台还送半个大西瓜，这半个大西瓜的钱是由平台支付给供应商的。因此，营销活动效果非常好，但成本也需要精打细算。

内生式增长——裂变源自样板的打造

企业裂变是指通过内部员工的积极参与与推广，实现企业快速增长的一种方式。其核心思想是将企业的发展目标与员工的个人发展目标紧密结合起来，通过员工的自发推广与招募，形成内生式增长的良性循环。

内生式增长是指企业通过不断提升自身的核心竞争力，不断满足客户需求，实现企业规模与收益的稳步增长。与传统的外部扩张模式不同，内生式增长更注重企业自身的内部运营与管理，通过不断完善企业的产品、服务、品牌等方面，提升企业的市场竞争力，实现持续稳健的增长。

内生式增长与企业裂变之间也有着关系，企业裂变与内生式增长结合起来，可以形成一种综合性的增长模式。企业通过不断提升自身的核心竞争力，同时引导内部员工积极参与推广与招募，形成内生式增长的良性循环，实现快速增长与持续稳健增长的平衡。企业实现内生式增长需要考虑以下六个方面。

1. 提高产品或服务的质量和竞争力

通过不断完善产品或服务的质量和特性，提高竞争力，让客户更加满意，从而增加销量和市场份额。如何提高产品或者服务质量和竞争力，我们详细分析一下。想要提高产品或服务的质量和竞争力，可以通过不断改进产品或服务的设计、制造、销售、服务等环节，以满足消费者的需求和期望；可以通过加强对消费者的调研和反馈，了解他们的需求和意见，及时调整产品或服务的策略和定位；可以通过不断提升员工的业务能力和服务水平，提高员工对产品或服务的认知和理解，以便更好地向消费者传递产品或服务的价值；可以通过引入新技术和创新，使产品或服务更具竞争力，如通过智能化、数字化、自动化等方式提高生产效率和产品品质。另外，需要建立良好的品牌形象和口碑，通过有效的营销手段和客户服务，提高客户黏性和忠诚度，以加强与供应商的合作和管理，确保原材料和配件的质量和供应的稳定性，保证产品或服务的品质和竞争力。

2. 挖掘潜在客户

通过市场调查和研究来了解潜在客户的需求和偏好，然后根据这些信息开发新产品或服务，从而拓展市场。我们也知道潜在客户的重要性，那么如何能够分辨出谁是潜在客户，又该如何挖掘潜在客户呢？我们可以通过以下五个技巧进行分辨、筛选、挖掘。

（1）定义目标客户：明确产品或服务的目标客户群体，包括年龄、性别、职业等方面的信息。

（2）搜集客户信息：利用市场调研、问卷调查等方式搜集客户信息，了解客户需求和行为习惯。

（3）利用社交媒体：通过社交媒体平台，如微信、微博、Facebook等，建立品牌形象，与潜在客户进行互动，并提供优惠活动和信息。

（4）参与行业展会：参加行业展会是获取潜在客户的重要途径，可以展示产品或服务，并与潜在客户建立联系。

（5）与合作伙伴合作：与合作伙伴合作推广产品或服务，与其客户建立联系，同时也可以获得潜在客户的推荐。

所以，对于老客户，企业可以通过定期跟进，比如通过电子邮件、电话、短信等方式定期与潜在客户联系，了解其需求和动态，并提供帮助和建议。但是，对于潜在客户，就要从以上五点下功夫。

3. 提高客户忠诚度

通过提供更好的服务和关怀，增强客户对企业的忠诚度，从而实现客户维持和增长。企业管理者或许觉得，站在企业的角度，我们可以控制成本、提高质量，甚至能够低成本获客，但是，客户的忠诚度对于企业来说鞭长莫及。更何况现在客户对于企业的忠诚度基本上都快呈现负数了，毕竟同质产品增多，客户们的心思也非常难猜。

所以，如何提高客户忠诚度，给大家提供五条简单的建议，可以通过以下的方式尝试提升客户忠诚度。

（1）提供卓越的客户服务。提供高质量、快速和有效的客户服务，以确保客户对公司的信任感和满意度。

（2）提供个性化的客户体验。了解客户的需求和偏好，提供个性化的服务和产品，以满足客户的需求。

（3）提供优惠和奖励。通过提供优惠和奖励，如折扣、礼品或积分等，激励客户继续购买和使用公司的产品和服务。

（4）提供及时的售后服务。及时处理客户的投诉和问题，提供售后服务，以确保客户对公司的信任感和满意度。

（5）建立客户社区。建立客户社区，促进客户之间的交流和互动，增加客户对公司的认同感和忠诚度。

4. 加强品牌形象

通过不断地宣传和营销，提高品牌知名度和品牌价值，从而增加客户的信任和忠诚度。

5. 提高生产效率和控制成本

通过提高生产效率和控制成本，降低生产成本，从而提高利润率和回报率，这一条也是反复提及的，就不再赘述了。

6. 开发新市场

通过开发新市场，扩大产品或服务的销售范围，从而提高销量和市场份额。企业开发新市场是指企业通过市场调研和分析，发现新的市场机会，并根据市场需求推出新的产品或服务，进而开拓新的市场。开发新市场可以帮助企业拓展业务范围，增加市场份额，提高企业收益和利润，同时也可以提高企业的竞争力和品牌影响力。企业开发新市场需要从多个方面进行考虑，包括市场需求、竞争情况、产品设计、营销策略等。企业需要制订详细的市场开发计划和实施方案,积极推进市场营销和推广活动,不断提升产品和服务的质量和竞争力,才能取得持续的市场成功。

总之,企业要实现内生式增长,需要不断提升自身的核心竞争力,拓展市场,提高产品或服务的质量和竞争力,提升客户忠诚度和品牌形象,同时加强成本控制,提高生产效率和盈利能力。

外延式增长——生命周期被有效扩展

企业外延式增长是指通过收购、合并、并购等方式来扩大企业规模、增加市场份额和实现业务多样化发展的一种增长方式。企业通过外延式增长,可以快速进入新的市场领域,减少市场竞争压力,提高企业的利润和影响力。同时,企业也可以通过收购等方式获取新的技术、产品和人才,进一步提升企业的核心竞争力。但是,企业在进行外延式增长时,需要注意风险和管理问题,如收购后的整合、文化融合、资金流失等问题,需要进行充分的规划和管理。

我们在了解为什么企业需要外延式增长之前,还需要了解外延式增长的优势有哪些。

1.增加就业机会

外延式增长需要大量的投资和资源,因此需要更多的劳动力来支持企业的扩张,从而创造更多的就业机会。

2. 提高生产效率

企业通过收购或兼并其他企业，可以整合资源和技术，提高生产效率和规模经济效益。

3. 扩大市场份额

收购或兼并其他企业可以扩大企业的市场份额和产品线，从而增加企业的竞争力和市场地位。

4. 降低成本

企业通过外延式增长可以实现资源和成本的共享和优化，从而降低成本并提高企业的盈利能力。

5. 增强创新能力

企业通过收购或兼并其他企业可以获取新技术、新产品和新市场，从而增强企业的创新能力和竞争力。

6. 分散风险

企业通过外延式增长可以分散风险，降低单一企业面临的风险和不确定性，从而提高企业的稳定性和可持续性。

下面以企业外延式增长的案例，全面体会外延式增长对企业的作用和意义。

1. 谷歌公司

谷歌公司是一家以搜索引擎服务为主的科技公司。在其初创阶段，谷歌的业务范围非常狭窄，只提供搜索服务。随着公司的成长和发展，他们逐渐拓展了业务范围，开始提供电子邮件、地图导航、办公软件等服务，逐渐形成了一个完整的生态系统。这种外延式的增长方式，使得谷歌公司得以在不同领域迅速扩张业务。

2. 腾讯公司

腾讯公司是一家以互联网服务为主的科技公司。在其成立初期，腾讯主要提供即时通信和网络游戏服务。随着公司的发展，他们开始不断拓展业务范围，包括金融、电商、社交媒体等多个领域。这种外延式的增长方式，使得腾讯公司的业务范围越来越广泛，增强了公司的市场竞争力和盈利能力。

3. 京东公司

京东公司是一家以电商服务为主的企业。公司最初只提供电商平台服务，但随着公司的发展，他们开始进军物流、金融、互联网金融等领域，逐渐形成了一个全方位的电商生态圈。这种外延式的增长方式，使得京东公司成为中国电商市场的领军企业之一。

4. 苹果公司

苹果公司是一家以电子产品为主的企业。公司最初只提供电脑和操作系统服务，但随着公司的发展，他们开始推出 iPod、iPhone、iPad 等电子消费品，逐渐形成了一个完整的电子产品生态圈。这种外延式的增长方式，使得苹果公司成为世界上最有影响力的科技公司之一。

5. 亚马逊公司

亚马逊公司是一家以电商服务为主的企业。公司最初只提供图书销售服务，但随着公司的发展，他们开始进军电子产品、云计算、音乐影视等领域，逐渐形成了一个全方位的电商生态圈。这种外延式的增长方式，使得亚马逊公司成为全球最大的电商公司之一。

以上是运用外延式增长成功成为领域中流砥柱的企业,接下来,就要说一说外延式增长的五个常见方法。

1. 收购其他公司

通过收购其他公司,企业可以快速扩大规模,获得新的技术和市场份额,从而实现外延式增长。想要运用这一方法的企业首先需要大量资金,因此对于一些中小企业来说,收购其他公司这一方法并不实用。但是对于一些资金雄厚的公司来说,收购绝对是外延式增长立竿见影的方法之一。

2. 合并其他公司

与收购类似,通过与其他公司合并,企业可以快速扩大规模,获得新的技术和市场份额。和上面的条件一样,需要企业本身具备合并其他企业的雄厚实力,通过实力直接运用合并的方法实现外延式增长。

3. 开拓新市场

企业可以通过开拓新的市场来实现外延式增长,如进军新的地区或行业。对于任何规模的公司来说,开拓新市场都是一个好方法。那么,一家小微企业如何开拓新市场呢?举个例子,海淀区某小学旁边开了一家规模不大的托管班,虽然规模不大,但是团队领导曾是一线教师,因此,在某小学的知名度很高。某小学与外省市某小学建立友谊关系,该托管班在外省市某小学旁边开办了分店,结果知名度和报名人数远远高于本地托管班,抢占了该省市某小学附近的市场,为自己开拓了新市场。所以,开拓新市场并不需要雄厚的资金,但是也要对自身和市场需求做详细调研,才能保证"一举拿下"新市场。

4. 推出新产品线

企业可以通过推出新的产品线来实现外延式增长，如推出与现有产品相关的新产品或进军新的产品领域。对于企业来说，不论大小都能够做到推出新产品线。举个例子，某卖十字绣产品的小作坊，在十字绣"日落西山"之后，迅速地推出了各种绣法的手工套包，还是十字绣布，却能够推出以直针绣、回针绣、轮廓绣、结粒绣、雏菊绣和鱼骨绣等为主的手工DIY绣包。之前只是十字绣的产品，现在不一样，比如端午有香囊包、五花粽包，中秋有绣花荷包，等等，所以说，企业规模不是限制新产品研发的桎梏，作为小企业根据自己现有产品推出新产品线，能更好地留住老客户。

5. 投资新技术

企业可以通过投资新技术来开发新产品或提高生产效率，从而实现外延式增长。这一点和收购企业、并购企业有一个共同点，就是需要资金雄厚。

以上方法中有的需要企业有雄厚的资金和资源，并且需要有稳定的战略规划和管理能力，企业应该根据自身情况选择合适的方法，避免盲目扩张和风险；有的并不需要企业有雄厚的资金资源，只需要资金资源足够。所以，我们要根据企业自身特点，选择外延式增长方法，从而更有效地推进企业发展。

实体店利用超级裂变锁客，客流不断

超级裂变是一种在营销中被广泛应用的策略，它的核心是通过社交媒体或其他传播渠道，将产品或服务的宣传传播给更广泛的受众。这种策略利用现有用户的信任和影响力来推广某个产品或服务，从而实现快速的营销增长。

超级裂变有几个关键要素。一是创造有趣的内容。有趣的内容会引起人们的共鸣和兴趣，从而更容易分享和传播。二是基于社交媒体的分享。社交媒体是传播和分享信息的重要渠道，可以将产品或服务的宣传传播到更广泛的受众。三是奖励分享。给予用户分享或邀请他人使用产品或服务的奖励，可以激励用户更积极地参与到营销活动中来。四是量化和跟踪效果。通过对用户分享和参与的数据进行跟踪和分析，可以了解营销活动的效果，并不断优化和改进营销策略。

线下实体店超级裂变是一种营销策略，其核心在于通过吸引客户在店内参与互动、分享、赠送等活动，从而实现用户口碑的传播和客户转化率的提高。

我们以一个线下实体店超级裂变为例。

某家咖啡厅为了吸引更多的顾客，决定开展一项免费咖啡活动。他们在社交媒体平台和本地论坛上发布了消息，称只要在特定时间段内进入咖啡厅并向工作人员展示该活动的推广信息，就能获得一杯免费的咖啡。

这个免费咖啡活动非常成功，很多人都前来参加，不仅仅是为了获得免费的咖啡，更是因为他们被这个咖啡厅的氛围和服务吸引。活动期间，咖啡厅还会对每位顾客进行短暂的问候和谈话，以建立更多的人脉关系。

在活动后的几天里，咖啡厅收获了更多的顾客。他们还推出了其他优惠活动，并在社交媒体上与顾客进行互动，分享他们的咖啡店体验，并鼓励顾客邀请朋友前来品尝。这些举措让这家咖啡厅受到更多关注，并吸引了更多的新顾客和回头客。

最终，这家咖啡厅的生意变得非常好，他们开始在其他地方开店。他们的成功得益于他们的超级裂变策略，通过一个小小的免费咖啡活动，吸引了更多的顾客，并通过优惠和互动来维护和扩大他们的客户群。

由此可见，实体店超级裂变对于获客有着关键的作用。那么，我们也可以根据案例将超级裂变营销策略划分为以下五个方面。一是提供独特的产品或服务，吸引顾客到店内消费，并且留下深刻的印象。二是通过举办活动、推出限时促销等方式，吸引更多顾客到店内，提高购买率。三是在店内设置签到、分享、赠品等互动环节，让顾客在店内参与互动，增加店内的互动率和参与度。四是增加社交媒体的曝光度，通过在店内拍照、打卡等方式让顾客分享到社交媒体上，从而扩大品牌影响力。五是通过激励机制鼓励顾客带朋友一起来店内参与互动，增加店内的人气和客户转化率。

既然都清楚了超级裂变是一种通过客户自我传播的方式来扩展业务的

营销策略，那么，接下来就列举一些实体店超级裂变的具体方法。

1. 提供优惠和礼品

实体店可以提供优惠和礼品，如优惠券、打折卡、赠品等，吸引客户前来购买商品。然后要求客户分享活动信息，分享给朋友、家人或社交媒体上的粉丝，以获取更多的优惠和礼品。对于消费者来说，有优惠和礼品不论多少，不管是不是自己需要的，都觉得这一家给礼品的要比什么都不给的商家更厚道。在社区附近有两家药房，一家开了三四年，基本上常年没有活动；另一家新开张半年，但是这家除了药品基本上都有九折到六折的优惠之外，有时候还会有购物满39元、59元、79元等赠送不同的小礼品活动。于是，仅仅半年时间，新开的药房顾客络绎不绝，而在社区已经有了几年基础的药房却每况愈下，甚至贴出了"旺铺转租"的牌子。

2. 制作分享内容

实体店可以制作有趣或有用的分享内容，如照片、视频、文章等，让客户将其分享到朋友圈或社交媒体上。这些分享内容可以包括店内的特殊活动、促销信息或有趣的商店体验等。这一点就比较普及，我们会看到很多身边的朋友转发，而且转发集满多少个赞会有什么奖励，还有就是拉一个新用户有什么奖励。

3. 社交媒体活动

实体店可以通过社交媒体平台进行营销活动，如提供打卡签到、分享活动或评论就送积分等，吸引客户前来参与。这些活动可以通过社交媒体传播，吸引更多的潜在客户前来体验。社交媒体活动的根本还是以赠送积分、礼品为主，只不过是通过社交平台，比如微博等。之前就是有每天打卡，坚持一个月就送一个小挂饰的活动，或者是每天分享到朋友圈，坚持100天，就会赠送一个小礼品。

4. 增加店内互动

实体店可以增加店内互动，如设置摆拍区、提供小游戏等，让客户可以在店内拍照、留念，并分享到朋友圈。这样不仅可以吸引更多的客户前来购买商品，还可以增加品牌曝光率。对于实体店，最大的优势就是将实体店打造成为网红店，让更多年轻人拍照打卡分享。比如，身边一个朋友去鼓楼大街的撸猫咖啡馆，完全是因为她的朋友圈一到周末就会有人发撸猫咖啡馆的照片，不管是可爱俏丽或是狡猾的小猫，还是一杯杯扑面而来文艺气息的咖啡，时时刻刻吸引着她。这样的口碑相传，裂变速度是非常快的。

5. 培养客户关系

实体店可以通过培养客户关系来吸引更多的客户。例如，提供会员卡、为客户提供优质的服务、主动询问客户的需求并提供相应的建议等。这样可以增强客户的忠诚度，客户就会愿意将商店推荐给他们的朋友和亲戚。

总之，线下实体店可以通过超级裂变营销策略来吸引更多的客户前来购买商品，并通过客户传播来达到客流不断的目的。

第四章
裂变增长的底层逻辑

裂变的底层增长指的是通过用户推广和分享等方式，将原有用户在社交网络中的新用户吸引到产品或服务中来，实现用户量的快速增长的一种策略。

底层增长的关键在于用户的传播和推广。当一个用户认可并使用了某个产品或服务后，他会在自己的社交网络中向其他人推荐这个产品或服务，从而吸引更多的新用户加入进来。这种方式可以快速地增加用户量，而且成本较低，因为用户本身已经成为营销的一部分。

裂变的底层增长策略，需要产品本身具备一定的社交性和分享性，用户使用后可以产生强烈的口碑效应，吸引更多的用户参与进来。此外，还需要通过一系列的引导和奖励机制来激励用户分享和推广产品，让用户成为产品的忠实粉丝，从而实现裂变式增长。

底层增长是一种可持续的增长模式，因为它不依赖于广告投放或其他成本较高的营销方式，而是通过用户自身的推广和传播实现快速增长。这种增长模式可以让产品或服务迅速扩大规模，更好地满足用户需求，提高产品的市场竞争力。

什么是裂变增长

裂变增长是指通过引导现有用户向其社交网络或社区中的新用户介绍产品或服务，从而实现从一个小的起点开始，通过口碑传播和社交分享来迅速扩大用户基础。裂变增长可以通过社交媒体、口碑传播、推荐奖励等方式实现。它是一种低成本、高效率的营销策略。

裂变增长包括用户增长、收入增加、品牌影响力提升、市场份额增加、利润提高等内容。

1. 用户增长

企业裂变增长的最直观表现是用户数量的快速增长。通过引入新用户并留住现有用户，企业可以不断扩大用户基础。

用户增长是裂变增长最直接的表现，一个用户到底能够裂变出多少用户，这取决于许多因素。比如，如果产品或服务提供的质量越高，则用户的满意度和口碑将更好，从而更有可能裂变增长更多用户；市场和受众越大，就有更多的机会裂变增长更多用户；如果裂变策略能够吸引用户并激发他们的参与度，则可能会裂变增长更多用户；如果产品或服务的社交渠道得到了广泛的传播和使用，那么裂变增长的可能性也会更高。

总之，裂变增长的潜力是无限的，但需要注意上述因素以及其他因素，以确保成功实现裂变增长。

2. 收入增加

随着用户的增加，企业的收入也会随之增加。通过各种营销策略和推广活动，企业可以吸引更多用户，增加收入来源。

随着用户增加，企业收入必然增长，但收入是如何通过用户增加而增长的，概述起来有以下五个方法，可以帮助收入增长。一是优化产品或服务的质量和用户体验，让用户更愿意分享和推荐给他人，从而增加用户数量和收入；二是给予用户一定的奖励，如优惠券、积分等，鼓励他们分享和推荐给其他用户，提高裂变效率和收入；三是根据用户的需求和兴趣，提供个性化的服务，让用户感到满意，从而增加用户数量和收入；四是通过广告、营销等渠道，吸引更多的用户使用产品或服务，从而增加用户数量和收入；五是提供社交功能，让用户可以互相交流和分享，增加用户黏性和裂变效率，从而增加收入。

综上所述，裂变增长是通过用户推荐和分享来增加用户数量和收入的一种有效策略。通过优化产品或服务、激励用户分享、提供个性化服务、扩大用户群体和加强社交互动等方式，可以提高裂变效率和收入增长。

3. 品牌影响力提升

随着企业的裂变增长，其品牌影响力也会不断提升。通过积极的宣传和营销活动，企业可以让更多人了解和认识自己的品牌。企业裂变增长带动用户增加，用户增多自然就提升了企业品牌的影响力。

裂变增长是一种通过用户口碑传播，从而快速增加用户数量的方法。它可以帮助品牌提升影响力，吸引更多用户，实现品牌的快速增长。

裂变增长的关键在于用户口碑传播，因此品牌需要提供优质的产品和服务，让用户愿意分享品牌的好处给他们的朋友和社交圈子。品牌可以通过优惠活动、礼品赠送、创意营销等方式吸引用户参与，同时保证用户体验和满意度。另外，品牌需要积极参与社交媒体，与用户互动，回应用户的反馈和意见，增强用户与品牌的互动关系。这样可以增加用户的忠诚度和参与度，进一步推动裂变增长。

总之，裂变增长可以帮助品牌快速增长和提升影响力，但品牌需要提供优质的产品和服务，积极参与社交媒体，与用户建立良好的关系，才能实现裂变增长的效果。

4.市场份额增加

裂变增长还可以帮助企业扩大市场份额。通过不断吸引新用户和满足现有用户需求，企业可以在市场上获得更大的份额。

在市场竞争激烈的情况下，裂变增长可以帮助企业快速提升市场份额，增加品牌曝光度和用户数量。裂变增长的关键在于产品或服务的创新和用户体验的优化。只有在用户获得了良好的体验之后，才会愿意分享给他人，并推荐给朋友和家人使用。因此，企业需要不断地优化产品和服务，提升用户满意度，从而实现裂变增长。除了产品和服务的优化，企业还需要进行有效的营销和推广。利用社交媒体和口碑营销等方式，引导用户进行分享和推荐，从而扩大品牌影响力和用户数量。

总之，裂变增长是一种快速提升市场份额和用户数量的有效方式，但需要企业不断地优化产品和服务，并进行有效的营销和推广。

5. 利润提高

随着企业裂变增长，其成本也会逐渐降低，收入会不断增加，这将使企业的利润率不断提高。裂变增长方式可以帮助企业提高利润，因为新产品或服务通常会增加收入，并提高品牌价值和市场份额，从而增加利润。此外，裂变增长还可以帮助企业降低成本，因为随着规模的扩大，企业可以实现更高效的运营和更好的采购力量，并减少营销和广告费用。因此，裂变增长可以提高企业的竞争力和盈利能力。

下面来看一下裂变增长的案例。

说到裂变增长，必须要说的便是WeChat（微信）。WeChat（微信）是中国最流行的社交媒体平台之一，它在短时间内实现了惊人的增长和用户裂变。在推出后的第一年，WeChat（微信）的用户数量增长了10倍，从1000万增加到1亿。WeChat（微信）的成功主要归因于其强大的社交功能和全面的生态系统。用户可以通过WeChat（微信）发送消息、分享照片和视频、交易商品、查看新闻、预订机票、订购外卖等，平台也不断推出新的功能和服务，吸引更多的用户加入进来。

之前我们也列举过Airbnb（爱彼迎）的案例，Airbnb（爱彼迎）通过两种方式实现了用户裂变。首先，它通过创新的营销方式吸引了更多的旅行者，如通过社交媒体、口碑营销等方式引导用户分享他们的住宿体验。其次，它在全球范围内建立了广泛的房东网络，房东可以通过分享自己的空闲房间获得收益，这也为Airbnb（爱彼迎）的用户裂变提供了更大的动力。

此外，Dropbox（多宝箱）的裂变也称得上是裂变增长中的典型，

Dropbox（多宝箱）是一款云存储服务，它的用户裂变是建立在推荐制度上的。当用户邀请新用户注册Dropbox（多宝箱）账号时，他们会获得额外的免费存储空间，而邀请到的新用户也可以获得免费存储空间。

这种推荐制度使得Dropbox（多宝箱）的用户数量增长很快，因为用户不仅可以获得额外的存储空间，还可以与朋友和家人分享他们的文件和照片。Dropbox（多宝箱）还提供了一些其他功能，如文件同步、在线协作等，这些功能也吸引了越来越多的用户加入进来。

最后，我们来看一下TikTok（抖音）的裂变增长历程。TikTok（抖音）是一款短视频社交应用软件，它在全球范围内都非常流行，尤其是在亚洲市场。TikTok（抖音）的用户裂变是建立在内容和社交互动上的。

TikTok（抖音）上的用户可以创建自己的短视频，并与其他用户分享、评论和点赞。这种互动方式吸引了越来越多的用户加入进来，并创建更多的内容。另外，TikTok（抖音）还通过与艺人等的合作，将更多的用户吸引到平台上来，实现了更快的用户裂变。

由此可见，裂变增长对企业发展的意义。一是裂变增长能够实现业务快速增长，通过引入新的客户、用户或市场来扩展业务规模；二是裂变增长可以帮助企业扩大市场份额，通过用户口碑和传统推广相结合的方式来提高品牌知名度和认可度；三是裂变增长可以通过用户口碑和社交分享来降低营销成本，同时提升销售额和利润；四是通过裂变增长，企业可以建立更深层次的品牌忠诚度，因为用户和客户是通过口碑和互联网分享来扩展企业的业务规模；五是裂变增长能够发挥网络效应，通过用户和客户之间的社交分享，从而扩大企业的业务规模和影响力。

深度探讨裂变四大驱动力

营销中裂变的驱动力是消费者的参与和分享。当消费者对产品或服务感到满意和感兴趣时，他们自然会想与他人分享这种体验。通过引导消费者参与和分享，营销活动可以在短时间内迅速扩散，从而提高品牌知名度和销售额。同时，裂变营销也可以通过奖励和激励消费者参与分享，从而进一步增强营销效果。

我们来具体看一下裂变中社交因素、优质产品、无缝集成、数据驱动四大驱动力对裂变的推动作用。

1. 社交因素

社交因素是裂变增长的主要驱动力之一。通过社交媒体、口碑传播、朋友推荐等方式，用户可以与他人分享他们的经验和感受，从而吸引更多的用户。

社交因素是裂变增长的关键驱动力之一。在现代社会中，人们通常是通过社交网络、社交媒体、口碑传递等方式来分享信息、推荐产品或服务的。这些社交行为可以极大地影响其他人的行为和决策，从而推动产品或服务的裂变增长。

通过利用社交因素，企业可以打造一个有影响力的品牌、建立良好的口碑和信誉度，并吸引更多的用户参与到产品或服务的使用中。社交因素还可以帮助企业了解用户需求和反馈，从而不断优化产品或服务，提高用户体验和满意度。

2. 优质产品

一个优质的产品是裂变增长的必要条件。优质的产品可以吸引更多的用户，并使他们对产品的使用感到满意。这将促使用户推荐给他们的朋友和家人。

优质产品是裂变增长的必要条件，因为只有受到用户的认可和推荐，才能实现裂变式增长。同时，优质产品也是吸引用户的重要因素之一。优质产品具有以下特点：用户使用产品时感觉舒适，易于操作，功能齐全且稳定；产品解决了用户的痛点，满足了用户需求，让用户感到满意；产品具有独特的功能和特点，能够吸引用户的注意力和兴趣；产品的售前、售中、售后服务都很到位，能够让用户感到贴心。

通过不断提升产品质量，让用户对产品的信心和满意度提高，从而促进裂变式增长。同时，还需要引入社交元素，让用户通过分享和推荐，让更多的人了解和使用产品，从而实现裂变式增长。

3. 无缝集成

无缝集成也是裂变增长的一个关键因素。一个好的产品应该能够在无缝集成的同时保持用户体验的一致性。这将使新用户更容易地加入并享受产品的好处。

无缝集成指的是将不同的应用程序或服务集成在一起，使它们能够无缝地交互和共享数据。通过无缝集成，企业可以增强其业务流程的效率和准确性，提高员工的工作效率，提升客户的满意度和忠诚度。

无缝集成还可以促进裂变增长。裂变增长是一种营销策略，通过让现有用户向其社交网络中的其他人推荐产品或服务来实现增长。使用无缝集成，企业可以提供更好的用户体验和服务，从而鼓励用户进行推荐，进而促进裂变增长。

4. 数据驱动

数据驱动是裂变增长的另一个重要因素。通过收集和分析用户数据，产品可以了解用户的需求和喜好，并根据这些信息来改进产品的特点和功能，从而吸引更多的用户。

数据驱动是指利用数据来指导业务决策和行动。在裂变增长中，数据驱动非常重要，因为它可以帮助你了解用户行为，找到裂变点，并制定有效的裂变策略。具体来说，数据驱动可以帮助企业完成以下内容。

（1）确定裂变点。通过分析用户行为数据，可以找到用户流失的关键点和留存的关键点，这些点都是裂变点，通过针对这些点制定裂变策略可以提高用户留存率和转化率。

（2）优化用户体验。通过跟踪用户的行为和反馈，可以了解用户的需求和偏好，从而优化产品和服务，提高用户体验，增加用户满意度和忠诚度。

（3）提高用户参与度。通过分析用户行为数据，可以了解到用户参与度低的原因，并制定相应的策略来提高用户参与度，如优化产品设计、改进营销策略等。

（4）优化营销效果。通过分析营销数据，可以了解不同渠道的转化率和 ROI，从而优化营销策略，提高投资回报率。

在浅显地了解了裂变四大驱动因素之后，我们也应该清楚裂变是一种基于社交网络的增长策略，通过用户的分享、邀请、推荐等行为，实现用户数量的快速增长。企业如何利用裂变驱动力实现增长，给大家以下五点建议。

（1）设计优质产品或服务。裂变的前提是有可分享的产品或服务。企业应该注重产品或服务的品质，满足用户的需求，提高用户的满意度，从而激发用户的分享欲望。

（2）引导用户进行分享。企业可以在产品或服务中设置分享按钮，鼓励用户将产品或服务分享给朋友或社交网络上的其他人。此外，企业还可以通过优惠券、礼品或积分等方式激励用户分享，吸引更多用户参与。

（3）建立用户社区。建立一个用户社区可以促进用户之间的交流和互动，提高用户的黏性和忠诚度。企业可以在社区中开展一些互动活动，如话题讨论、投票和抽奖等，吸引用户积极参与，增加用户留存率。

（4）制订裂变计划。企业应该制订有针对性的裂变计划，根据产品或服务的特点，确定裂变的策略和方式。裂变计划应该包括裂变的目标、裂变的方式、裂变的奖励和裂变的监测、评估等方面。

（5）持续优化裂变策略。企业应该根据实际情况，不断优化裂变策略，提高裂变效果。企业可以通过数据分析、用户反馈和市场调研等方式，不断改进产品或服务，提高用户的体验和满意度，从而推动裂变效果的提升。

用户裂变增长方法论及相关案例

要实现用户裂变增长，首先要了解用户增长的方法，具体包括提供有价值的内容和服务、社交媒体平台营销、口碑营销、活动营销、推荐程序、合作营销、搜索引擎优化、运营数据分析、用户体验、品牌建设等。

一是为用户提供有价值的内容和服务，即为用户提供他们喜欢的、有用的、有趣的内容和服务，以吸引更多的用户。二是利用社交媒体平台定期发布有关产品或服务的信息，以吸引更多的用户加入。三是通过口碑营销，以吸引更多的用户。例如，提供优质的客户服务，让客户口口相传，吸引更多的用户。四是举办各种活动，如抽奖、优惠券、限时折扣等，以吸引更多的用户参与。五是为用户提供推荐计划，如果他们邀请其他用户加入，将获得奖励，这将增加用户量。六是与其他品牌或企业合作，共同推广产品或服务，以吸引更多的用户。七是通过搜索引擎优化（SEO）技术，提高网站在搜索引擎结果页面的排名，以吸引更多的用户。八是通过对用户行为和趋势的分析，了解用户的需求和偏好，优化产品或服务，为用户提供更好的体验，以吸引更多的用户。九是提供优质的用户体验，包括简单易用的界面、快速响应的速度和卓越的服务，以吸引更多的用户。十是建立品牌形象，提高品牌知名度和信任度，以吸引更多的用户。

把方法论具体化，我们可以分为以下六点。

1. 建立引人注目的品牌形象

通过视觉和语言展示出与众不同的品牌形象，吸引更多的用户关注和分享。品牌形象很重要，好的品牌形象能让消费者对产品品牌增加好感，比如大家一说海尔兄弟，不管是出于怀旧情怀还是其他情怀，都非常喜欢。但是，也有一些品牌形象面市之后，引来的则是消费者们的冷嘲，尤其是一些损害某群体利益的品牌形象。

2. 创造独特的用户体验

让用户感到有趣、有用和有价值，增加用户对品牌的忠诚度，引发他们分享和推荐给朋友。以前的用户体验就是购买过程中能够得到满足感，现在的用户体验不仅是购买过程中的满足感，而且还需要在购买后也有很好的体验。产品是一方面，另一方面能不能从中得到有价值的信息也是用户体验感之一。

3. 利用社交媒体进行营销

通过各种社交媒体平台，分享品牌与产品资讯，吸引更多的用户关注和参与，增加用户的分享和推荐，进而实现裂变增长。

4. 奖励分享和推荐

通过优惠券、折扣、礼品或积分等方式，鼓励用户分享和推荐品牌与产品，增加用户参与度和忠诚度，从而实现用户裂变增长。

5. 利用口碑营销

通过培养口碑，增加用户对品牌的认知和信任度，吸引更多的用户参与和分享，实现裂变增长。比如，网易云音乐的朋友圈分享。网易云音乐也采用了类似的策略，他们让用户将他们喜欢的音乐分享到朋友圈，并鼓励他们邀请朋友一起听歌。这种策略鼓励用户分享更多的音乐到朋友圈，从而吸引了更多的新用户加入，实现了用户裂变增长。

6.利用数据分析和优化

通过数据分析和优化，了解用户需求和偏好，提供更加个性化和定制化的服务，增加用户的满意度和忠诚度。

四点弄明白增长和裂变的关系

增长和裂变是两个不同的概念，但在某些领域中可能存在关联。

在核物理中，裂变是指将重核分裂成两个或更多轻核的过程，同时释放大量能量。这一过程可以被用来实现核能的利用和控制。

在生物学和社会学中，增长通常指的是种群、组织或经济系统的数量或规模的增加。这种增长可能是通过自然繁殖、招募、吸引、市场扩张等方式实现的。

在一些情况下，裂变可以作为实现增长的一种手段。例如，在某些营销策略中，企业可以通过裂变的方式将其客户群体扩大。这种裂变可以是通过口碑传播、促销活动等方式实现的。

因此，增长和裂变之间存在一定的关系，但具体情况需要根据不同领域和情境来具体分析。

营销中的裂变和增长是两个不同的概念，但它们之间存在着密切的关系。以下分要点阐述营销中裂变和增长的关系。

1. 裂变是增长的一种方式

裂变是指通过用户自身的行为来实现用户数量的增长，比如通过邀请好友注册来获取奖励。裂变的目的是让用户成为品牌的推广者，从而为品牌带来新用户和更多销售。

2. 裂变可以为增长提供更快的速度

相比于传统的广告宣传和营销手段，裂变可以更快地扩大品牌的影响力和用户数量。因为裂变的推广方式是通过用户自发地传播品牌信息，所以可以更快地传播到更多的潜在用户中。

3. 增长需要根据不同的情况采用不同的策略

在营销中，增长不仅仅是指用户数量的增长，还包括品牌知名度、销售额等多个方面。因此，在制定增长策略时，需要根据品牌目标和市场情况采取不同的策略，比如在裂变方面加大投入，或者在品牌宣传方面加大宣传力度。

4. 裂变需要与增长相结合

虽然裂变可以为增长提供更快的速度，但裂变并不是增长的全部。为了实现持续的增长，品牌需要在多个方面，如优化产品、提高服务质量、加强品牌宣传等方面提高自己的实力。这些方面的提升可以为裂变提供更好的支撑，从而实现更好的增长效果。

总之，营销中的裂变和增长是相互关联的，品牌需要根据自身情况和市场环境采取不同的策略来实现持续的增长。

企业的确需要裂变。企业通过裂变，扩大自己的销售业绩和市场份额，增加收益和利润。裂变可以通过广告、促销、营销活动等方式来吸引更多的消费者。

增长是企业需要的另一个关键因素。企业需要不断地探索市场的潜力、开拓新的市场和业务领域，以此来实现企业的增长和发展。增长可以是通过开发新产品、进军新市场、提高生产效率、提高产品质量等方式来实现的。企业需要不断地寻求增长的机会，以保持竞争力和持续发展，实现企业的长期利益。

深度揭秘裂变增长的五大要点

裂变增长是一种快速扩张业务的策略，对企业的发展意义重大。

一是促进品牌曝光，裂变增长是一种通过用户推荐和分享来吸引新用户的策略，可以帮助企业快速扩大品牌知名度和曝光度。

二是提高用户参与，通过裂变增长策略，企业可以鼓励用户参与并分享自己的经验和感受，从而提高用户的参与度和忠诚度。

三是降低营销成本，裂变增长通过社交媒体、口碑传播等方式吸引新用户，相比传统广告等营销方式，成本更低、效果更好。

四是快速扩张业务规模，裂变增长可以帮助企业快速扩张业务规模，进入新市场，从而实现快速增长。

五是提高用户满意度，裂变增长策略可以帮助企业更好地了解用户需求和反馈，不断优化产品和服务，提高用户满意度。

总之，裂变增长对于企业来说，是一种高效、经济、有成效的营销策略，可以帮助企业快速扩大规模、提高品牌影响力和用户参与度，降低营销成本，提高用户满意度，进而实现可持续发展。

对于裂变增长，有以下五个要点。

1. 确定目标受众

营销中裂变增长的第一步是明确目标受众。只有确定了目标受众，才能有针对性地制定营销策略。根据常规的市场调研方法，确定目标受众需要考虑以下因素。

（1）年龄。确定目标受众的年龄段，如儿童、青少年、中年人、老年人等。

（2）性别。确定目标受众的性别。

（3）地域。确定目标受众所在的地理位置，如城市、乡村、国内、海外等。

（4）教育程度。确定目标受众的教育程度，如高中生、大学生、研究生、专业人士等。

（5）兴趣爱好。确定目标受众的兴趣爱好，如体育、音乐、电影、旅游等。

（6）职业。确定目标受众的职业身份，如白领、学生、自由职业者、企业家等。

根据以上因素，可以确定目标受众的类型，从而制定相应的营销策略和推广计划。

2. 找到传播方式

裂变增长的关键在于信息的传播。要想让信息快速传播，需要寻找适合的传播方式，如可以利用社交媒体、电子邮件、短信等方式进行传播。

在信息传播方面，可以通过社交媒体等渠道将产品或服务的信息传递给更多的人，从而扩大接触面和影响力。在用户参与方面，可以采用优惠券、推荐奖励等方式激励用户邀请更多的朋友加入，从而实现用户自我扩散。同时，产品或服务的质量和用户满意度也至关重要，只有用户对产品或服务满意，才有可能愿意将其分享给更多的人。

3. 制定诱因策略

为了让用户愿意分享信息，需要提供一些诱因。可以通过推出优惠活动、赠品、折扣等方式来吸引用户分享信息。

制定诱因策略是营销中的一项重要策略，其目的是通过提供有吸引力的奖励或激励，促使消费者采取某些行动或购买产品或服务。以下是制定诱因策略的一些方法。

（1）优惠券和促销活动。提供优惠券或促销活动可以促使客户购买商品或服务，并提高品牌知名度。

（2）礼品和奖励。赠送礼品或提供奖励可以吸引客户或激励他们继续消费。

（3）会员计划。建立会员计划，提供专属优惠或礼品，可以促进客户忠诚度。

（4）限时优惠。提供限时促销折扣或特价产品，可以增加购买决策的紧迫感。

（5）联合营销。与其他品牌合作，共同提供优惠活动或礼品，可以扩大品牌影响力和客户群体。

（6）紧急情况。提供紧急情况下的支持和服务，可以增加客户对品牌的信任和忠诚度。

（7）客户服务。提供高质量的客户服务，可以提高客户满意度和忠诚度。

诱因策略需要根据目标客户的需求和市场情况进行分析和制定，以吸引客户、提高品牌知名度和忠诚度。

4. 设计引导用户分享的界面

营销活动的界面设计也是裂变增长的关键。界面需要简洁明了，方便用户分享。营销活动的界面设计需要考虑以下五个方面。

（1）页面风格。根据活动的主题和目标受众，选择相应的页面风格，例如，清新、简约、高雅或者活泼、浓烈、充满能量的风格。

（2）色彩搭配。选择活动主题相关的色彩搭配，如红色和绿色代表圣诞节，红色和粉色代表情人节，等等。同时，还需注意色彩的搭配是否符合品牌形象和用户喜好。

（3）布局设计。合理的布局能够让用户更加容易理解活动信息和操作流程。可以采用层次分明、排版整齐、版面明亮、对比强烈的设计方式，突出重点信息，提升用户体验。

（4）图片和动画设计。活动页面可以通过图片和动画来吸引用户的注意力，增加互动性和趣味性。需要注意的是，图片和动画的大小、格式、清晰度和适用性等方面需要综合考虑。

（5）按钮和功能设计。活动页面需要提供明确的按钮和功能，方便用户参与和操作。按钮的位置、大小、颜色和字体等都需要考虑到易用性和美观性。

通过以上几个方面的设计，可以让营销活动的界面更加吸引人、易懂易用、富有趣味性和互动性，从而提升品牌形象和用户参与度。

5.监测效果并进行优化

裂变增长是一个渐进的过程，需要不断地监测效果，不断进行优化。只有不断地改进，才能实现裂变增长的目标。监测效果并进行优化是一个重要的营销活动步骤。

以下是一些实用的技巧：一是选择合适的监测指标：针对不同的营销目标，需要选择合适的监测指标，如点击率、转化率、ROI 等；二是使用专业的监测工具：帮助我们实时监测营销效果并进行数据分析；三是持续跟踪和分析数据：持续跟踪和分析数据可以帮助我们了解营销活动的实际效果，并在需要时进行调整；四是优化营销策略：根据监测结果，优化营销策略，如调整广告投放位置、调整关键词选择等；五是持续优化活动：持续优化营销活动可以帮助提高转化率和 ROI，提升整体营销效果。

第五章
用户裂变的核心是增长思维

对用户裂变的理解是，在互联网产品中，用户裂变是指通过引导现有用户去邀请更多的用户加入，从而实现用户数量的快速增长。而增长思维就是指在产品设计、营销和用户体验等方面，不断地寻找优化的机会，从而实现产品快速增长的思维模式。

在用户裂变中，增长思维扮演着至关重要的角色。只有不断地优化产品的功能和用户体验，才能让用户愿意推荐给更多的人使用。同时，优化营销策略，让用户在使用产品时感受到价值，也是实现用户裂变的重要手段。

增长思维需要从产品的多个方面入手，包括但不限于：用户体验。优化用户体验，提高用户满意度，让用户更愿意分享产品给朋友。社交策略。引导用户去分享、邀请朋友使用，建立用户社区，增加用户黏性。数据分析。通过数据分析找到用户痛点，了解用户需求，从而优化产品设计和营销策略。

掌握激活用户的有效方式

激活用户是指通过某种方式使已注册的用户开始使用产品或服务，并且产生了实际的交互行为，如使用应用程序、购买商品或服务、发布内容等。在互联网行业中，激活用户是一项关键的指标，因为它反映了产品或服务的实际使用情况，也是衡量产品或服务成功与否的重要指标之一。

发送个性化欢迎邮件、提供优惠或免费试用、社交媒体宣传、定期发送邮件或消息、提供良好的用户体验是激活用户的有效方式。

1. 发送个性化欢迎邮件

在用户注册后，发送一封个性化欢迎邮件可以让用户感受到关注和重视。邮件中可以包括一些用户可能感兴趣的内容或者一些特别优惠。例如：

尊敬的×××用户：

感谢您加入我们的网络社区！我们非常高兴能够为您提供高质量、丰富多彩的服务，帮助您开启更好的互联网生活。

通过我们的平台，您可以轻松地分享您的想法、见解和经验，与其他志同道合的用户交流互动，以及获得最新的新闻、资讯和娱乐内容。

我们致力于为每一位用户打造一个舒适、安全、愉悦的网络环境，为您提供最优质的服务和支持。如果您在使用过程中遇到任何问题或有任何建议，欢迎随时联系我们的客户服务团队，我们将竭诚为您服务。

再次感谢您的加入，祝您在我们的平台上度过愉快、有意义的时光！

祝好！

×××平台团队

但是，现在大多数的用户已经不用邮件这样的方式了，比如我们十几年前常用的126、163、QQ邮箱等，基本上现在是按照季度打开，打开看到标题是广告的也就直接略过。按照与时俱进的原则来说，发送欢迎邮件的效果或许有，但相较其他的方式，是效果比较小的一种。

2. 提供优惠或免费试用

给用户提供一些优惠或者免费试用的机会可以吸引更多的用户来体验你的产品或服务。一些提供此类服务的常用方式有：优惠码，在购物车或结账页面上输入优惠码，可享受折扣或其他优惠；免费试用，提供一定时间的免费试用期，让用户在试用后决定是否购买；新用户优惠，为新用户提供优惠，鼓励他们尝试产品或服务；季节性促销，在特定时间，例如圣诞节、感恩节等推出促销活动；社交媒体优惠，在社交媒体平台发布优惠信息，吸引用户并提高品牌曝光率；会员促销，为会员提供专属优惠，增加客户忠诚度。

以上是一些常见的优惠或免费试用方法，但具体营销策略应根据产品或服务的特点和目标受众进行个性化定制。

3.社交媒体宣传

利用社交媒体平台宣传产品或服务，吸引更多的用户来了解和使用。社交媒体宣传是一种以社交媒体平台为基础，利用社交媒体网络和社交媒体工具进行的宣传、推广和营销活动。随着社交媒体平台的不断发展和普及，越来越多的企业开始使用社交媒体作为宣传和营销的渠道和手段。

社交媒体宣传的优点包括：广泛的覆盖面，社交媒体平台的用户量庞大，覆盖面广泛，能够迅速扩大企业的影响力；精准的定位，社交媒体平台可以根据用户的兴趣、地理位置等信息进行精准的定位，有助于企业更好地针对目标用户进行宣传和营销；互动性强，社交媒体平台具有很强的互动性，用户可以进行评论、分享、点赞等操作，有助于企业与用户建立更好的互动关系；成本低廉，相比传统媒体宣传，社交媒体宣传成本更低，能够帮助小企业实现宣传和营销的效果。

常用的社交媒体平台包括WeChat（微信）、微博、Facebook（脸书）等。企业可以通过发布文章、视频、图片、动画等形式进行宣传和营销，引导用户进行交互和参与，提高品牌知名度和用户忠诚度。同时，企业也需要注意保持良好的社交媒体形象，避免出现不良言论和负面事件。

4.定期发送邮件或消息

通过定期发送邮件或消息向用户说明产品或服务的好处和特点，并鼓励他们使用和分享。这一点现在不大推荐，按照现在用户的上网习惯，基本上是不看邮件的，所以，商家如果有相应模板可以定时发送，但是如果想要通过在邮件上下功夫得到用户青睐，效果不会太好。

5. 提供良好的用户体验

提供良好的用户体验可以让用户对你的产品或服务更加满意，从而增加用户的参与度和忠诚度。

要提供良好的用户体验，需要从以下七个方面入手。一是界面设计，界面要简洁明了，易于使用，避免过于烦琐或复杂的操作流程；二是响应速度，网站或应用程序要能够快速响应用户的操作，尽可能减少加载时间和等待时间；三是安全性，用户的隐私和安全需要得到保障，要遵循相关法律法规，采取适当的措施保护用户数据；四是可访问性，确保网站或应用程序对不同用户和设备的可访问性，包括视力和听力障碍用户的需求；五是多语言支持，为使用不同语言的用户提供多语言支持，以确保良好的用户体验；六是用户反馈，及时响应用户反馈和建议，及时修复问题和漏洞，以提高用户满意度；七是多渠道服务，包括在线客服、邮件、电话等，以便用户得到及时的帮助和支持。

激活用户需要持续的努力和关注，通过以上有效方式可以让用户更加活跃和参与进来。

两种商业模式打造用户体验

运营中的两种商业模式都是以产品模式和以服务模式为基础，这两种模式都能够打造良好的用户体验。

1. 以产品模式为基础的商业模式

这种商业模式的核心是产品，产品的质量和特色是吸引用户的关键。在产品设计上，需要考虑用户的需求和体验，从而打造出高品质的产品。同时，还需要关注产品的营销和推广，让更多的用户认识到这款产品的价值。

随着互联网技术的快速发展，用户体验已经成为商业成功的重要因素之一。而以产品模式为基础的商业模式，也可以帮助企业打造出更好的用户体验。

产品模式是一种基于功能优化和用户需求满足的开发方法，其核心是以用户为中心，通过不断地迭代和优化产品，打造出更加贴合用户需求的产品。这种模式在商业领域中的应用非常广泛，尤其是在以互联网为基础的领域中。

在这个过程中，企业需要不断地收集用户反馈，分析用户行为，以更好地理解用户需求和期望；同时，企业也需要不断地更新和升级产品，以保持产品的竞争力和吸引力。

通过以产品模式为基础的商业模式，企业可以打造出更好的用户体验。首先，企业可以更好地了解用户群体，以满足用户的需求和期望。其次，企业可以通过不断地迭代和优化产品，提升产品的质量和用户体验。最后，通过不断地更新和升级产品，企业可以保持产品的竞争力和吸引力，以吸引更多的用户。

2. 以服务模式为基础的商业模式

这种商业模式的核心是服务，服务的质量和体验是吸引用户的关键。在服务设计上，需要考虑用户的需求和体验，从而打造出高品质的服务。同时，还需要关注服务的营销和推广，让更多的用户认识到这款服务的价值。

以服务模式为基础的商业模式是一种将用户体验置于核心位置的商业模式。它的主要特点是将服务作为产品的基础，通过不断优化服务过程和服务体验，提升用户的满意度和忠诚度，从而实现业务增长和利润提升。

要打造良好的用户体验，首先需要了解用户的需求和痛点，以此为基础设计相应的服务。此外，服务过程中要注重细节和个性化，尽可能满足用户的个性化需求和偏好，让用户感受到被关注和被尊重。

在以服务模式为基础的商业模式中，用户体验不仅体现在服务过程中，还体现在售前、售中和售后的全过程。为了提升用户体验，企业应该在各个环节中注重服务质量和效率，以提高用户的满意度和忠诚度。

此外，企业还可以利用现代科技手段，如人工智能、大数据和云计算等技术，来提高服务质量和效率，为用户提供更好的体验。例如，通过人工智能技术，可以实现智能客服和智能推荐等功能，为用户提供更便捷和个性化的服务。

无论是以产品模式还是以服务模式为基础，打造良好的用户体验都是至关重要的。在运营过程中，需要不断优化产品或服务，提高用户满意度，从而吸引更多的用户，提升业务盈利能力。

学会裂变玩法，实现成倍用户增长

裂变是一种通过用户推荐和分享使用户数成倍增长的营销策略。以下是利用裂变实现用户成倍增长的五个步骤。

1. 设计有吸引力的奖励

制订一个有吸引力的奖励计划，让用户通过分享链接或邀请朋友注册获得奖励。奖励可以是免费试用、打折优惠、礼品卡等。具体有以下十种方式。

（1）优惠券或折扣码。这是一种常见的奖励方式，可以吸引顾客购买并提高销售额。

（2）礼品卡。这是一种实用的奖励，可以让顾客在商店中自由选择自己喜欢的产品。

（3）免费样品。这种奖励可以让顾客尝试您的产品，如果他们喜欢，就可能会购买更多。

（4）免费试用期。这种奖励可以让顾客在不支付费用的情况下试用您的产品，如果他们喜欢，就可能会购买更多。

（5）抽奖活动。这种奖励可以吸引顾客参与，同时增加品牌知名度。

（6）线下活动。这种奖励可以让顾客参加品牌活动，与品牌建立联系并增加忠诚度。

（7）社交媒体奖励。这种奖励可以通过分享品牌的社交媒体帖子或标记朋友来吸引顾客。

（8）会员优惠。这种奖励可以让会员享受独特的折扣和优惠，并增加忠诚度。

（9）送礼品。这种奖励可以让顾客在购买产品时得到额外的礼品，增加购买的价值。

（10）额外福利。这种奖励可以是其他不同的奖励，如免费送货、优先购买等。

2.管理优质用户口碑

提供出色的产品、服务和客户支持，让用户留下好的口碑，这样用户会更愿意分享你的产品或服务，从而吸引更多用户。营销中管理优质用户口碑的关键在于以下五点。

（1）了解用户需求。了解用户的需求是管理优质用户口碑的首要任务。通过了解用户的需求，可以更好地满足用户的期望，提高用户满意度和忠诚度。

（2）提供优质服务。提供优质的服务是管理优质用户口碑的关键。只有提供优质的服务，才能让用户对产品和服务印象深刻，并愿意分享自己的体验。

（3）积极回应用户反馈。积极回应用户反馈是管理优质用户口碑的重要环节。只有及时回应用户反馈，解决用户遇到的问题，才能给用户留下深刻的印象，提高用户满意度。

（4）建立良好的用户关系。建立良好的用户关系是管理优质用户口碑的关键。只有通过与用户建立良好的关系，才能让用户对产品和服务产生更高的认同感，并愿意分享自己的体验。

（5）利用社交媒体。利用社交媒体是管理优质用户口碑的有效手段。通过社交媒体，可以更广泛地传播用户口碑，提高品牌曝光度和影响力。同时，也可以通过社交媒体与用户进行互动，建立更深入的用户关系。

总之，管理优质用户口碑需要综合考虑用户需求、服务质量、用户反馈和社交媒体等多种因素，建立良好的用户关系，提高用户满意度和忠诚度，从而为营销活动带来更多的机会和价值。

3. 利用社交媒体平台

利用社交媒体平台来推广裂变计划，增加曝光率。可以在社交媒体平台上分享链接、发布有吸引力的文本和多媒体内容，吸引更多的用户参与。

（1）建立品牌形象。社交媒体平台是建立品牌形象的最佳工具之一，通过分享有关品牌的内容、与粉丝互动、回复评论等方式，可以建立品牌的声誉和知名度。

（2）目标受众的定位。社交媒体平台可以帮助企业更好地了解目标受众的需求和喜好，从而制定更加有效的营销策略，更好地满足他们的需求。

（3）增加网站流量。通过社交媒体平台分享有关品牌的内容，可以吸引更多的网站浏览者，增加网站的流量，提高品牌的知名度。

（4）拓展营销渠道。社交媒体平台为企业提供了另一个营销渠道，可以通过该平台与潜在客户建立联系，与他们互动，提高品牌知名度和销售额。

（5）提高消费者忠诚度。通过社交媒体平台与消费者建立联系、回复评论、分享优惠信息，可以提高消费者对品牌的忠诚度，增加重复购买率。

（6）分享有关产品和服务的信息。企业可以通过社交媒体平台分享有关产品和服务的信息，向潜在客户介绍新产品和新服务，吸引新客户。

（7）监控竞争对手。社交媒体平台可以帮助企业了解竞争对手的营销策略，从而制定更有效的竞争策略。

（8）建立社群。通过社交媒体平台，企业可以建立一定规模的在线社群，与消费者互动，分享有关品牌的内容，提高品牌的认知度和忠诚度。

4. 优化裂变流程

优化裂变流程就是简化裂变流程，让用户更容易参与。优化是利用自动化工具，如电子邮件营销自动化、社交媒体管理工具等，来提高用户参与度。

首先需要明确裂变的目标是为了增加用户数量还是为了提高用户参与度，有了明确的目标才能有针对性地进行裂变流程的优化。优化分享方式可以让用户更加方便地分享内容，比如可以添加一键分享到社交媒体的按钮、定制分享语等；为用户提供奖励机制可以激励用户更加积极地参与裂变活动，比如邀请朋友注册可以获得积分或优惠券等。

优化邀请流程可以让用户更加容易地邀请朋友参与裂变活动，比如添加邀请链接、二维码、短信邀请等。通过监测数据分析可以了解用户参与裂变活动的情况，从而优化裂变流程，比如了解用户分享的内容、分享的渠道、邀请朋友的数量。裂变流程的优化需要持续进行，通过不断地优化可以提高用户参与度，从而达到裂变的效果。

5. 监控和分析数据

监控和分析裂变活动的数据包括参与率、转化率等，这样可以及时调整策略，以提高裂变效果。

在运营过程中，监控和分析数据是非常重要的。通过监控数据，可以及时发现问题并采取相应的措施，确保运营流程的稳定性和有效性；同时，通过分析数据，可以发现运营过程中的优点和不足，有针对性地进行改进和优化。具体来说，运营中需要监控和分析的数据包括以下内容。

（1）访问量和流量数据，了解网站或应用的访问量和流量情况，发现可能存在的流量瓶颈和访问问题。

（2）用户行为数据，通过分析用户的行为数据，了解用户的兴趣和需求，以提供更好的服务和产品。

（3）营销数据，监控各种营销活动的效果，确定哪些营销策略最有效，以便有针对性地调整营销策略。

（4）运营成本数据，监控运营成本，发现和解决可能存在的成本问题，提高运营效率和盈利能力。

（5）客户服务数据，监控客户服务中心的数据，了解客户的反馈和需求，为客户提供更好的服务。

总之，在运营过程中，监控和分析数据是必不可少的，只有通过对数据的不断分析和优化，才能不断提高运营效率和盈利能力。

掌握裂变工具，让用户自动增长

企业都希望用户能够自动增长，因为这意味着有更多的收入和更大的市场份额。为了实现这一目标，企业可以采取以下措施：提供高质量的产品和服务，让用户感到满意，并愿意推荐给其他人；通过广告、促销、优惠等手段吸引新用户，同时保持现有用户的忠诚度；不断改进产品和服务，以满足用户的需求和期望；利用社交媒体和其他在线平台与用户互动，了解他们的反馈和建议，以便改善产品和服务；提供个性化的服务和定制化的产品，以满足用户不同的需求；建立良好的口碑和品牌形象，吸引更多的用户关注和信任。

除此之外，就是利用裂变工具。营销裂变工具包括但不限于以下六种。

1. 社交媒体

营销裂变工具是指通过网络或社交媒体等渠道，将营销信息传播给更广泛的受众，并通过用户的分享和传播来推动营销活动的进行。社交媒体是其中一种主要的营销裂变工具,因为它可以让用户轻松地分享和传播信息。

社交媒体可以通过多种方式来实现营销裂变。例如,利用社交媒体平台上的广告投放功能进行定向投放,吸引更多潜在用户的关注和参与;通过发布有趣、有价值的内容,吸引用户的关注,并鼓励他们分享和转发,从而扩大营销活动的影响范围;利用社交媒体上的群组、讨论区等功能,组织有趣的互动活动,吸引用户的参与和分享,从而形成营销效应。

而我们耳熟能详的社交媒体工具包括但不仅限于 WeChat(微信)、微博、Facebook(脸书)等社交媒体平台,可以通过分享、互动等方式实现裂变营销。

2. 口碑营销

口碑营销是指通过消费者之间的口碑传播,来扩大产品或品牌的影响力,提升产品或品牌的认知度和美誉度,从而达到推广销售的目的。口碑营销不同于传统的广告营销方式,它并不是由企业主动推出的广告宣传,而是消费者之间通过自发的口碑传播和社交分享的方式,来推荐和宣传产品或品牌。

口碑营销的优势在于能够在消费者之间建立信任和互动,消费者更愿意从朋友或家人那里获得购买建议和推荐。同时,口碑营销也能够提高产品或品牌的知名度和美誉度,增加消费者对产品的好感度和认可度,从而带动销售增长。

在营销中,口碑营销可以通过以下四种方式实现:通过社交媒体平台,可以让消费者自发地分享和宣传产品或品牌,同时与其他消费者互动,建立口碑效应;通过提供优质的产品和服务体验,让消费者自发地分享和宣传产品或品牌,从而形成口碑效应;通过鼓励消费者对产品或品牌进行评价和反馈,让其他消费者了解产品的真实情况,从而建立口碑效应;通过将产品或品牌与热门话题结合起来,引发消费者讨论和分享,从而形成口碑效应。

口碑营销是一种强大的营销策略,可以有效地提高产品或品牌的知名度和美誉度,带动销售增长。

3. 微信小程序

通过微信小程序的分享、转发等功能,让更多的人了解产品或服务,并通过微信小程序实现转化。微信小程序是一种轻量级应用程序,可在微信平台上运行。通过微信小程序,企业可以实现多种营销方式。

(1)产品展示,通过小程序展示企业的产品,提高消费者对产品的了解和信任度。

(2)促销活动,开展促销活动,如优惠券、折扣等,吸引消费者购买。

(3)社交互动,通过小程序建立社群,与消费者进行互动,提高品牌影响力。

(4)客户服务,提供在线客户服务,解答消费者的问题和疑虑,提高用户满意度。

(5)数据分析,通过小程序的数据分析功能,了解消费者的购买习惯,为企业提供更好的营销策略。

(6)小程序广告,通过投放小程序广告,提高品牌曝光度和销售额。

为了运用微信小程序进行营销，企业需要了解消费者的需求和购买习惯，提供有吸引力的内容和优惠，建立良好的用户体验，提高用户留存率和转化率。同时，企业需要积极推广小程序，扩大用户群体。

4. 优惠券、红包等促销活动

通过优惠券、红包等促销活动，吸引用户参与分享，达到裂变营销的目的。通过电子邮件、短信等方式，向用户传递产品或服务的信息，促进裂变营销。但是这里需要注意的是，大家把邮件广告、短信广告都屏蔽了，所以，邮件、短信虽然是工具之一，但可以说是效果最差的工具。

5.KOL（关键意见领袖）合作

与知名博主、网红等合作，让他们分享产品或服务的信息，吸引更多的用户了解。这一点和其他不同的是需要投入一定的资金，而且KOL（关键意见领袖）根据级别不同，每一次商业合作的价格也会不同。想要宣传效果特别好的KOL，也需要动辄上万的出场费。更何况，现在网红泛滥，甚至有的自己就能"塌房"，反而会连累企业，所以这一工具还是慎用。

6. 用户反馈

通过用户反馈，优化产品或服务，满足用户需求，提高用户满意度，进而实现裂变营销。这一点是必须要用起来的，用户反馈实际上也是企业售后服务中的重要部分，有了用户反馈，企业才能更清楚自己需要在哪些方面下功夫，利于企业调整战略策略。

举个例子，有一家在线存储服务提供商，通过裂变工具成功地吸引了大量新用户。他们采取了一种"推荐朋友并获得更多存储空间"的策略，这让用户运用自身的社交网络来推荐自己的存储空间，从而获得额外的存储空间。这一策略成功地激励用户推荐给他们的朋友，从而让用户数量自动增长。

无独有偶，还有一家在线短租服务提供商，通过裂变工具成功地扩展了他们的用户群。他们采用了通过微信小程序等裂变工具，开展了一系列的营销活动，即通过推荐朋友来获得优惠折扣或积分，这些积分可以用来支付他们的下一次短租。这种策略激励用户通过自己的社交网络来推荐该服务商，从而使企业用户成倍增长。

再说一个知名的案例，"滴滴打车"是一家在线打车服务提供商，通过裂变工具成功地扩展了他们的用户群，采用了通过推荐朋友来获得优惠折扣或免费乘车的策略。这种策略激励用户通过自己的社交网络来推荐"滴滴"，从而让"滴滴"成为世界上最大的在线打车服务提供商之一。

这些案例表明，通过使用裂变工具，企业可以成功地扩大他们的用户群，从而增加他们的收入，提高盈利能力。当企业能够激励用户通过社交网络来推荐他们的产品或服务时，他们就能够获得更多的新用户，并在市场上获得更大的份额。

技巧先行，让企业实现低成本获客

低成本获客是指企业在获得客户的过程中，采用一些较为低廉的方式和手段进行推广和宣传，同时也需要不断优化和调整，提高获客效果，从而降低获客成本。这种获客方法可以节省企业的营销成本,提高企业的盈利能力。常见的低成本获客手段包括社交媒体营销、SEO(搜索引擎优化)、内容营销、电子邮件营销等。

企业要想实现低成本获客,可以从以下五个方面入手。

1. 制定明确的市场定位和目标客户群体

企业需要清楚自己的产品或服务的定位和目标客户群体,以及他们的需求和偏好。这样才能有针对性地开展市场营销活动,减少无效的推广成本。

2. 利用社交媒体和内容营销

社交媒体是一个低成本、广覆盖、高效率的获客渠道。企业可以利用社交媒体平台发布内容、互动交流、建立品牌形象和口碑。此外,企业还可以通过内容营销方式提供有价值的信息和知识,吸引潜在客户的关注,提高品牌认知度和美誉度。

3. 搜索引擎优化(SEO)

搜索引擎优化可以提高企业网站在搜索引擎中的排名和曝光率,增加网站流量和潜在客户。企业需要优化网站的内容、结构、关键词等,以提高网站的质量和可访问性。同时,企业还可以利用其他网站的外部链接和社交媒体等方式提高网站的权重和曝光度。

4. 口碑营销

口碑营销是指利用用户口碑和评价等方式提升企业品牌形象和美誉度。企业可以通过提供优质产品和服务,积极回应用户反馈和投诉,建立良好的口碑和信誉。此外,企业还可以利用社交媒体平台、在线论坛和产品评价等方式扩大口碑效应,以吸引更多潜在客户。

5.合作营销

企业可以与其他企业或机构合作开展营销活动,共享资源和客户群体,增加品牌曝光度和客户黏性。此外,企业还可以利用代理、分销等方式拓宽销售渠道,降低营销成本。

所以,企业想要低成本获客就不要拘泥于形式,而是多运用技巧。

(1)利用免费社交媒体平台创建一个专业的商业页面,开发有吸引力的内容和活动。

(2)利用SEO(搜索引擎优化),通过让网站排在搜索引擎的前面,来增加网站的流量,使用有关自己业务的关键词和短语,以吸引更多的潜在客户。

(3)利用收集客户信息的网站,通过与有志于了解更多信息的客户进行联系,来获取他们的信息。可以通过提供一个有吸引力的报价、订阅网站或提供免费的信息产品来吸引他们。

(4)利用社区参与,参加所在社区的网站和论坛,提供有价值的信息和建议。通过在社区中建立声誉,来增加业务知名度和获客效果。

第六章
渠道裂变破局立新，引来更多机遇

渠道裂变是指通过创新、优化和整合多种营销渠道，以实现快速而有效的用户增长的策略。它可以通过让用户在使用产品或服务的过程中自然转化成品牌的忠实粉丝，或者通过充分利用传统渠道和数字化渠道的优势，以更快的速度和更低的成本扩大用户群体来实现。简而言之，渠道裂变就是要将已有的用户或潜在用户转化为更多的用户，从而实现用户增长和品牌影响力的提升。

渠道裂变的五大趋势

渠道裂变是一种通过现有用户引导新用户加入的营销策略，渠道裂变指的是通过不同的渠道，将现有用户转变为新用户的行为。具体来说，就是通过各种手段将现有用户引导到其他渠道，让他们成为新用户，并引导新用户进入原有渠道，形成一个良性循环。这种裂变方式可以帮助企业快速扩大用户规模，提高用户活跃度和留存率，进而促进企业的增长。常见的渠道裂变手段包括社交分享、邀请好友、活动奖励等。

随着社交媒体和移动应用的普及，渠道裂变已成为许多企业的主要营销手段之一。以下是渠道裂变的趋势。

1. 社交媒体的兴起

社交媒体平台已成为企业推广品牌和产品的最佳渠道之一。通过社交媒体，企业可以利用现有用户的社交关系，将其转化为新用户。

社交媒体的兴起为渠道裂变提供了更多的机会和方式。社交媒体平台上的用户可以通过分享、点赞、评论等方式，将有价值的信息和内容传播给更多的人，从而达到裂变的目的。此外，社交媒体平台上的粉丝和关注者也可以成为品牌的忠实用户和品牌大使，他们通过口口相传，帮助品牌快速扩散和增加知名度。因此，使社交媒体成为渠道裂变的重要工具，可以帮助品牌快速扩展用户群体和市场份额。

2. 移动应用的普及

随着移动应用的普及，许多企业开始将渠道裂变融入到移动应用中。通过在应用中嵌入分享功能和推荐功能，企业可以让现有用户向他们的朋友推荐应用，从而吸引新用户。

移动应用的普及对渠道裂变有着非常重要的作用，具体表现在以下四点。

（1）辅助传播，移动应用可以通过社交媒体、短信、邮件等方式进行辅助传播，帮助企业更容易地传递信息，促进渠道裂变。

（2）便捷分享，移动应用可以通过分享功能让用户轻松分享内容，帮助企业快速扩大影响力，提升渠道裂变效果。

（3）个性化定制，移动应用可以根据用户的需求进行个性化定制，更好地满足用户的需求，从而增加用户的忠诚度和裂变效果。

（4）数据分析，移动应用可以通过数据分析获取用户行为和需求的数据，从而更好地了解用户，优化产品和服务，提升渠道裂变效果。

3. 确定目标受众

企业需要确定目标受众，并为其提供有价值的内容和优惠，以吸引新用户加入。通过了解目标受众的需求和偏好，企业可以更好地制定营销策略，提高渠道裂变的效果。

目标受众对渠道运营的意义在于：提供更便捷的购物体验，通过渠道运营，企业可以将产品和服务直接推送到目标受众所在的平台，让受众能够更加便捷地获取所需的商品或服务；增强品牌认知度，通过有效的渠道运营，企业可以将品牌形象和产品信息传递给更多的目标受众，提高品牌知名度和影响力；提高销售额，通过渠道运营，企业可以将产品和服务推广到更广泛的受众群体，增加销售渠道和销售机会，从而提高销售额；优化客户关系，通过渠道运营，企业可以更好地了解目标受众的需求和反馈，提供更加贴近受众需求的产品和服务，优化客户关系，增强品牌忠诚度。

4. 数据分析的重要性

企业需要采用数据分析来评估渠道裂变的效果。通过分析用户数据和渠道数据，企业可以确定哪些渠道和用户对渠道裂变的效果贡献最大，从而优化营销策略并提高转化率。

数据分析在渠道裂变中起到至关重要的作用，主要体现在四个方面：

一是通过数据分析，可以了解用户在不同渠道上的行为、转化率和留存率等，从而优化渠道策略，提高用户转化率和留存率；

二是数据分析可以帮助分析不同渠道的效果，找出最有效的渠道，以及调整不同渠道的推广策略，从而提高转化率；

三是通过对渠道裂变效果进行数据分析，可以不断优化渠道策略，以实现持续改进，提高用户体验和转化率；

四是数据分析可以实时监控渠道裂变的效果，及时发现问题并进行修正，以保证渠道裂变的效果最佳。

5. 整合多个渠道

企业需要将多个渠道整合起来，从而实现最大化渠道裂变的效果。通过整合社交媒体、移动应用、电子邮件和短信等渠道，企业可以更好地利用现有用户的社交网络，吸引新用户加入。

整合多个渠道是指将不同的营销渠道进行整合，以达到更好的营销效果。这些渠道可以包括社交媒体、搜索引擎、电子邮件、短信、电话、邮寄等。

整合多个渠道可以帮助企业更好地掌握消费者的行为数据，从而更好地了解他们的需求和偏好，提供更加个性化的服务和产品。此外，整合多个渠道还可以提高品牌的曝光度和知名度，增加销售机会，提高客户忠诚度和满意度。

为了实现整合多个渠道的目标，企业需要制定一个全面的营销策略，其中包括明确目标受众、选择合适的渠道、制订营销计划、定期跟踪和分析数据等步骤。同时，企业需要投入足够的资源和精力，确保整合多个渠道的营销活动能够有效地实施和推广。

随着社交媒体的普及和用户参与度的增加，渠道裂变已成为一种趋势。许多企业和品牌将渠道裂变作为一种核心策略，通过各种方式鼓励现有客户分享产品和服务，有效降低营销成本，提高转化率，并增强客户忠诚度。

打造适应渠道变革的"一盘货"模式

渠道变革是指针对市场环境和消费者需求的变化,企业采取一系列措施进行产品销售渠道、分销模式、营销策略等方面的改革。这种变革通常意味着企业需要重新审视整个供应链、销售渠道和营销模式,以更好地适应市场变化,提高效率和增强竞争力。其中可行的方法包括新开发渠道、扩大和优化现有渠道、整合渠道、加强渠道管理等。渠道变革是企业的一项重要战略决策,可以帮助企业更好地适应市场变化,提高销售业绩和市场份额。

"一盘货"模式是指在电商平台上,同一件商品由多个卖家出售,但这些卖家所售出的商品均来自同一批货物,即在仓库中只有一盘货物,由平台自动分配给不同的卖家进行销售。这种模式可以提高商品的销售效率和平台的资源利用率,同时也可以降低卖家的成本和风险。但是,这种模式也存在一些问题,如卖家的售后服务难以保证、价格及竞争关系等问题,需要平台进行合理规划和管理。

渠道变革和"一盘货"模式之间存在密切的关系。随着市场变化和消费者需求的不断变化,企业需要不断调整自身的渠道模式以更好地满足消费者的需求。在这个过程中,"一盘货"模式成为越来越多企业的选择,它能够通过统一的供应链管理和产品分类管理,实现产品的统一配送和管理,从而提高企业的效率和利润。

同时,"一盘货"模式也促进了渠道变革。通过"一盘货"模式,企业可以更好地掌控产品的流向,实现对渠道的精细化管理和优化。这也为企业在渠道变革的过程中提供了更多的思路和选择,使得企业能够更好地适应市场的变化和消费者的需求。因此,"一盘货"模式和渠道变革是相辅相成、互相促进的关系。

渠道变革和"一盘货"模式的案例有很多,以下以京东为例做一简单介绍。

京东通过渠道变革和"一盘货"模式的实现,已成为中国最大的电商之一。在以前,京东的业务模式是传统的B2C模式,即通过自营和第三方卖家来销售商品。然而,随着竞争加剧和消费者需求的变化,京东开始尝试新的业务模式。

在2015年,京东开始推出"一盘货"计划,即与品牌厂商合作,让其直接向京东提供商品,由京东统一管理和配送。通过这种方式,京东可以保证商品的品质和价格,并提供更快的配送服务。同时,京东还推出了"京东达人"计划,让个人和小型商家加入京东的供应链系统,提供更多的选择和创新产品。这些改变使得京东的商品种类更加丰富,销售额也不断增长。

"一盘货"模式是通过提高产能利用率、缩短产品生命周期、降低库存成本等手段实现高效运营的一种运营模式。"一盘货"模式对企业的作用体现在四点:一是"一盘货"模式可以实现生产、销售、物流等环节的紧密协调，从而实现生产计划的高效执行，降低生产成本，提高生产效率；二是通过"一盘货"模式，企业可以实现精细化管理，合理安排生产计划，缩短产品生命周期，降低库存成本；三是"一盘货"模式可以帮助企业更好地了解市场需求，及时调整生产计划，提高产品品质和服务水平，增强市场竞争力；四是"一盘货"模式可以实现快速响应客户需求、及时交付产品，从而提高客户满意度，增加客户忠诚度。

渠道身份创新实现业绩倍增

渠道身份创新是一种商业模式创新，通过寻找新的销售渠道和市场定位，以及重新定义公司的身份、品牌形象来提高企业的竞争力和市场份额。这种创新强调了企业要在市场上赢得更高的认可度和品牌价值，同时也要与消费者建立更紧密的联系，以满足他们的需求和期望。渠道身份创新包括市场定位、品牌形象、销售渠道、公司文化等方面的创新。

渠道身份创新可以通过采取以下手段实现业绩倍增。

1. 优化用户体验

通过改进产品、服务和购买流程，提高用户满意度和忠诚度，从而促进销售业绩的增长。具体的优化用户体验的方法是：了解用户需求和行为习惯，为其提供更好的服务和产品；设计简洁易用的界面和用户体验，使用户易于操作，快速完成任务；提供个性化的用户体验，如推荐适合用户兴趣和偏好的产品；强化品牌形象和用户信任感，提高用户忠诚度和口碑；提供多种支付和配送方式，方便用户选择；通过优化网站性能和页面加载速度，提升用户满意度；定期收集用户反馈和意见，及时改进和优化产品和服务。

通过不断优化用户体验，提高用户满意度和忠诚度，从而促进业绩的提升。

2. 拓展销售渠道

开发新的销售渠道，如线上销售渠道、社交媒体等，增加产品曝光度，吸引更多客户。拓展销售渠道是提升业绩的重要途径之一，可采取以下可行的方法：一是网上销售，通过建立电子商务网站、加入电商平台等方式，将产品销售渠道扩展到互联网上，吸引更多的消费者；二是零售渠道，寻找更多的零售商或经销商，将产品推广到更多的线下销售渠道上；三是合作伙伴，与其他行业相关的厂商、服务提供商等合作，共同推广产品，扩大销售渠道；四是直销模式，建立自己的销售团队，通过直销方式销售产品；五是促销活动，组织各种促销活动，如打折、赠品等，吸引更多的消费者购买产品。

3. 加强品牌建设

加强品牌建设，就是要提高品牌知名度和美誉度，增强品牌在市场竞争中的优势，从而吸引更多客户购买产品。品牌建设是企业发展的重要组成部分，可以提升企业的知名度、信誉度和竞争力，从而提高业绩。

企业必须明确自己的目标客户群体、核心竞争力和差异化优势，从而定位自己在市场中的位置；企业应该建立统一的品牌形象，包括标志、标语和广告等，提高品牌的识别度和认知度；企业应该建立自己的品牌文化，包括价值观、使命和愿景等，从而增强员工的归属感和忠诚度，也可以吸引更多的顾客；企业应该提供优质的产品和服务，赢得客户的信任和支持，进而提高业绩；企业应该加强营销推广，包括网络营销、广告宣传和公关活动等，以扩大品牌影响力和知名度，提高销售额。

4.优化营销策略

通过市场调研和分析客户需求，不断优化营销策略，提高销售转化率和客户满意度。具体策略是：简化销售流程，提高销售效率和客户满意度；加强售后服务，提高客户黏性。

5.开展合作伙伴关系

与其他企业或机构合作，共同推广产品，拓宽销售渠道，提高产品曝光度。作为企业，开展合作伙伴关系是提升业绩的重要手段之一。以下是一些实用的建议：一是找到与自己业务相关的潜在合作伙伴，进行合作推广。比如，如果你是一家餐厅，可以与当地的旅游公司合作，为旅游团队提供优惠套餐。二是与同行业中成功的企业建立合作关系，互相学习、借鉴对方的成功经验，共同成长。三是在社交媒体平台上积极互动，与其他企业建立联系，推动双方业务的发展。四是参加行业展会、会议等活动，与其他企业进行面对面交流，建立信任关系。五是建立合作伙伴计划，为合作伙伴提供一定的福利和资源支持，吸引更多优质合作伙伴加入。六是定期与合作伙伴进行沟通，共同制订业务发展计划，确保合作效果最大化。

渠道裂变的核心为重塑零售格局

裂变是指在传统零售行业的基础上，通过数字化技术和互联网平台的协同作用，分化出更多的垂直领域和细分市场，形成更多的小而美、专业化的零售企业。

裂变的核心是重塑零售格局。在传统的零售领域中，大型商业企业具有较强的垄断地位，消费者选择的空间相对较小。而裂变则可以让消费者面对更多的选择，同时也可促进零售企业的竞争和创新。

裂变也具有数字化的特点。通过数字化技术，企业可以更好地了解消费者需求，提高管理效率，降低成本，增强品牌影响力。数字化技术和互联网平台的协同作用也可以让企业更好地获得消费者的信任和忠诚度。

借此，谈一谈新零售。新零售格局是指传统零售业在数字化、智能化、创新化等方面的转型升级，通过科技手段和商业模式创新，实现线上线下融合、供应链协同、数据智能化等业务转型，提升消费者体验，提高经营效率，拓展市场空间，形成全新的零售生态链。新零售格局的特点是数据驱动、消费者体验至上、线上线下融合、场景化营销、供应链协同等。新零售格局是当前零售业发展的趋势和方向，也是未来零售业的核心竞争力。

渠道裂变的核心是打造一种全新的零售模式，通过创新技术和业务模式，重塑传统的零售业。这种模式将消费者作为中心，通过数据分析和精准营销，实现精准推荐、个性化定制、快速配送和无缝购物体验等服务，从而提升顾客满意度和消费者忠诚度。

渠道裂变的关键是打破传统渠道的壁垒，建立多样化的销售渠道和合作伙伴，包括线上、线下、社交媒体、直播等多种方式，以满足消费者不同的购物需求和消费习惯。

渠道裂变还需要通过数字化、智能化、自动化等方式提高零售效率、降低成本，实现快速响应、高效运营和可持续发展。

总之，渠道裂变是通过创新和变革，实现零售业转型升级，以适应快速变化的市场环境，提升竞争力和盈利能力。

随着技术的不断进步，零售业正面临着前所未有的变革。这些变革给企业带来了重大的机遇，让他们能够更好地与消费者互动，以此提高运营效率并加速增长。

1. 资源整合

在数字化时代，企业可以利用新技术将供应链、客户关系管理和销售数据整合到一起，使企业更加高效地管理业务流程。通过资源整合，很多企业只要把握住其中的机遇，就可以在数字时代开拓新市场。

2. 个性化营销

企业可以利用人工智能和大数据技术，通过了解消费者的购买习惯和喜好，提供更加个性化的产品和服务，从而增加客户忠诚度。

3. 无缝购物体验

企业可以通过数字化技术改进购物体验，比如在线购物、智能付款、自动化配送等，使得消费者无论在哪里购物都能享受到无缝购物体验。

4. 全渠道覆盖

企业可以通过多渠道销售，包括在线和离线渠道，让消费者可以随时随地购买产品和服务。

5. 数据驱动的决策

企业可以通过分析销售数据和客户数据，了解消费者的需求和喜好，以及产品的销售状况，从而做出更加明智的业务决策。

线上渠道：抖音、快手、微信、今日头条、京东、App Store（苹果应用程序商店）

1. 抖音

抖音是一款短视频社交平台，用户可以通过拍摄 30 秒以内的视频分享自己的生活、才艺、美食等内容。作为一款裂变渠道，抖音自身的特点包括以下四种。

（1）海量用户。抖音拥有数亿用户，用户黏性高，可以通过用户分享、点赞、评论等方式进行裂变。

（2）快速传播。抖音短视频的时长只有 30 秒，观众可以快速地浏览大量内容，而且抖音的推荐算法可以让优质内容快速传播。

（3）社交属性强。抖音是一个社交平台，用户可以通过互动、关注、私信等方式建立社交关系，进一步推动裂变。

（4）广告投放。抖音支持广告投放，商家可以通过投放广告吸引用户关注和转化，进一步推动裂变。

综上，抖音作为一个裂变渠道，具有用户量大、快速传播、社交属性强、广告投放等优势。

2. 快手

快手是中国短视频分享平台之一，作为裂变渠道，快手可以利用其庞大的用户基础和多样化的内容形式，为企业提供广泛的宣传推广和用户增长的机会。

快手的用户主要是年轻人，尤其是"90后"和"00后"的年轻群体。这些用户喜欢观看有趣、搞笑、有知识点的短视频，而企业可以通过制作符合这些用户口味的短视频来吸引他们的关注。同时，快手还可以根据用户的兴趣爱好、性别、年龄等特征，有针对性地推送企业的宣传内容，从而提高用户的转化率。

除了短视频制作和推送，快手还可以为企业提供广告投放服务。企业可以根据自身需求和预算，选择在快手的主流频道或用户关注的短视频上投放广告。这种广告投放方式可以快速地扩大企业的品牌知名度和影响力。

另外，快手还开设了电商直播功能，企业可以利用这个功能直播介绍产品或服务，吸引用户的关注并提高销售转化率。

3. 微信

微信是一款由中国互联网巨头腾讯推出的即时通信软件，于2011年首次发布，主要面向中国用户。微信支持发送文字、语音、图片、视频、地理位置等信息，并且还可以进行语音、视频通话和群聊等功能。除了通信功能外，微信还拥有朋友圈、微信支付、微信红包、微信公众号、小程序等功能。微信已经成为中国人日常生活中必不可少的一部分，同时也在全球范围内得到了广泛的应用。

微信作为一个裂变渠道，可以通过以下方式进行实施。

（1）朋友圈分享。用户可以将优惠活动或产品推荐分享到朋友圈，让更多人看到并转发。

（2）群发消息。如果用户有大量的微信好友或群组，可以通过群发消息将活动或产品推广给更多人。

（3）微信公众号。企业可以通过微信公众号发布优惠活动或产品信息，引导用户转发和分享。

（4）微信小程序。通过微信小程序，企业可以让用户更方便地了解和购买产品，同时也可以引导用户分享和邀请好友参与。

（5）微信支付。企业可以在微信支付页面推广优惠活动或产品信息，鼓励用户购买并分享给好友。

4. 今日头条

今日头条作为一家新型的资讯平台，也采用了裂变渠道的方式进行推广。通过提供优质的内容和个性化的推荐，吸引用户来到今日头条平台，然后通过推荐、分享等方式让用户主动将内容分享给自己的好友，从而扩大用户群体。同时，今日头条还提供了丰富的奖励机制，激励用户在平台上分享更多、更有价值的内容，从而促进用户的裂变和增长。

作为裂变渠道，今日头条可以通过以下几种方式实现裂变。

（1）用户邀请。今日头条可以鼓励用户邀请更多好友加入平台，分享自己喜欢的内容，获取奖励，从而扩大用户群体。

（2）社交分享。今日头条可以将用户喜欢的内容分享到社交媒体上，如微信、微博等，吸引更多的用户关注。

（3）活动推广。今日头条可以通过举办各种有趣的活动，如抽奖、打卡等方式，吸引更多用户参与，从而扩大用户群体。

（4）广告投放。今日头条可以通过在其他社交媒体、搜索引擎等平台上投放广告，吸引更多用户进入平台。

（5）内容推荐。今日头条可以根据用户的兴趣爱好，推荐更加个性化和有价值的内容，吸引用户留下来，同时也可以通过用户的行为数据进行智能匹配，提供更优质的内容推荐，进而提高用户的留存率和活跃度。

5.京东

京东商城，成立于1998年，总部位于北京市。京东主要经营电子产品、家居用品、化妆品、食品、服装等各类商品的在线销售。京东平台上的商品种类繁多，价格实惠，服务周到，深受消费者的信任和喜爱。截至2021年，京东已经成为全球规模最大、覆盖范围最广的综合性电子商务平台之一。

京东作为裂变渠道主要可以通过以下五种方式实现裂变。

（1）社交分享。在商品页面上增加社交分享按钮，便于用户分享到自己的朋友圈或社交平台，同时还可以提供一定的奖励或优惠券，以吸引更多用户进行分享。

（2）邀请好友参与。通过邀请好友参与活动，可以获得一定的奖励或优惠券，同时还可以给被邀请人提供一定的折扣或优惠，以吸引更多用户参与活动。

（3）引导新用户注册。在活动页面上，可以设置新用户注册的奖励，吸引更多用户注册并参与活动，增加裂变效果。

（4）利用京东金融平台。京东金融平台可以提供优质的金融产品和服务，同时还可以与京东商城进行联合营销，吸引更多用户参与，增加裂变效果。

（5）优化用户体验。通过优化用户体验，提高用户的满意度和忠诚度，让用户更愿意分享和推荐，从而实现裂变效果，如提供优质的客户服务、增加多种支付方式、增加商品搜索功能等。

综上所述，通过社交分享、邀请好友参与、引导新用户注册、利用京东金融平台和优化用户体验等多种方式，京东可以实现裂变效果，吸引更多用户参与活动，提高销量和用户忠诚度。

6.App Store（苹果应用程序商店）

App Store（苹果应用程序商店）作为一个全球最大的移动应用商店平台，可以让开发者在全世界范围内发布和推广自己的应用。利用App Store（苹果应用程序商店）实现裂变，可以通过以下五个方面进行实施。

（1）优化应用信息。确保应用在App Store（苹果应用程序商店）中的展示页面清晰、准确、吸引人，并且能够让用户快速了解应用的功能和特点。

（2）激励用户分享。在应用中添加分享功能，激励用户将应用分享给好友或分享到社交媒体平台上，可以通过一些奖励机制或特殊礼遇来增加用户分享的积极性。

（3）提供优质服务。提供良好的用户体验，让用户感到应用有价值和有用。满足用户需求，提供优质服务，可以增加用户留存，从而提高用户裂变的可能性。

（4）引导用户评价。积极引导用户对应用进行评价和留言，收集用户反馈，及时解决用户遇到的问题，提高用户满意度，增加用户裂变的可能性。

（5）联合营销。与其他应用开发者或品牌合作，进行联合营销，可以把自己的应用推荐给他们的用户，从而增加用户的黏性和裂变潜力。

总之，利用 App Store 实现裂变需要开发者在应用设计、用户体验、社交互动等方面综合考虑，不断提高应用的吸引力和用户留存率，积极营造良好的口碑和社交效应，从而实现应用的快速扩散和用户裂变。

以上渠道的特点都是不断发展变化的，而且人们使用的方式也不尽相同。例如，抖音的小视频可以迅速地在用户之间传播，快手更注重用户对内容的交互和分享，微信则更强调个人与个人之间的关系，而今日头条则更注重个性化推荐。

第七章
品牌快速裂变，新模式打造专属市场

品牌裂变是指通过品牌营销活动，让消费者自发地参与品牌推广，从而形成传播的自媒体效应。通常是通过互联网、社交媒体等渠道，利用用户自发的分享、转发等行为，将品牌信息传播到更广泛的人群中，从而实现品牌曝光和扩散。品牌裂变的好处是可以通过用户自发的行为扩大品牌影响力和知名度，提高产品销售额和品牌忠诚度，同时也可以节省品牌营销成本。

品牌裂变的四个阶段

品牌裂变是指品牌的市场份额分裂成两个或更多的细分市场，每个市场都有独立的竞争对手和消费者，其中每个市场都会形成自己的品牌形象。品牌裂变通常发生在品牌的增长阶段，当品牌市场份额达到饱和状态时，它们会在不同的市场中寻找新的增长机会。品牌裂变可以通过产品创新、市场细分和品牌扩展来实现。

品牌裂变的优点是可以扩大品牌的市场份额，增加品牌的知名度和影响力。另外，品牌裂变可以降低品牌的风险，因为当一个市场受到冲击或遇到困难时，其他市场可以帮助品牌抵御风险。但是，品牌裂变也会面临一些挑战，如品牌形象的一致性、营销成本的增加和团队资源的分散等。

品牌裂变需要品牌管理者对不同市场的消费者和竞争对手有深入的了解，并制定相应的营销策略和管理方案。在实践中，品牌裂变需要长期的投资和持续的创新，这需要品牌管理者有长远的眼光和执着的决心。

1.品牌建立阶段

此阶段的重点是品牌的初始创建，包括品牌定位、品牌名称、品牌标志、品牌形象等方面。在这个阶段，品牌需要建立起对目标受众的吸引力和认同感，以便在未来的发展阶段中进行品牌推广和营销。

品牌建立阶段是指企业为建立自身品牌所进行的一系列工作。这一阶段的主要任务是确定品牌的定位、形象和价值，以便在消费者心目中建立起品牌的认知和信任。以下是品牌建立阶段的具体步骤。

（1）品牌定位：确定品牌的目标市场、竞争优势、核心价值和定位语。

（2）品牌形象：确定品牌的标志、色彩、字体、标语等视觉元素，建立品牌形象。

（3）品牌故事：讲述品牌的故事，包括品牌的历史、文化、品质和理念等，以吸引消费者的情感共鸣。

（4）品牌价值：强调品牌的价值观和社会责任，塑造品牌的正面形象。

（5）品牌传播：通过广告、宣传、促销等手段，将品牌形象和价值传递给目标消费者。

（6）品牌监控：定期监测品牌在市场中的表现，调整品牌策略和形象，以确保品牌的持续发展。

在品牌建立阶段，企业需要投入大量的人力、物力和财力，以建立起消费者对品牌的认知和信任，从而增加品牌的市场份额和价值。

2.品牌发展阶段

在品牌建立之后，需要不断地发展壮大。这个阶段需要注重品牌的产品、服务等方面的提升，以及品牌形象的加强、品牌的广告宣传等方面的推广。同时，还需要不断地与消费者进行沟通和互动，以便加强品牌和消费者的关系。品牌发展通常经历以下五个时期。

（1）品牌启动期：品牌在市场上建立起来，开始打响自己的名声。

（2）品牌成长期：品牌开始在市场上占据一定的份额，品牌知名度逐渐提高，经营规模不断扩大。

（3）品牌成熟期：品牌已经在市场上站稳脚跟，品牌知名度极高，市场占有率达到一定的水平。

（4）品牌衰退期：品牌在市场上的地位开始下滑，营销策略失效，市场占有率逐渐减少。

（5）品牌复兴期：品牌重新审视自己的营销策略，重新定位自己的品牌形象，重新获取市场份额。

3.品牌传播阶段

在品牌发展之后，需要进一步加强品牌的知名度和影响力，以便在市场中获得更多的竞争优势。这个阶段需要注重品牌的宣传推广和营销，如通过广告、公关、社交媒体等方式进行品牌的宣传和传播，提高品牌的曝光度和知名度。

品牌传播阶段主要包括以下五个阶段。

（1）品牌定位阶段：确定品牌目标受众群体、品牌形象和核心竞争力，明确品牌定位。

（2）品牌策略阶段：制定品牌策略，包括品牌宣传的目标、内容、方式、媒介、时间和预算等。

（3）品牌推广阶段：推出品牌宣传活动，包括广告、公关、促销、直销等，提升品牌知名度和美誉度。

（4）品牌维护阶段：维护品牌形象，包括维护品牌声誉、提升品牌形象、解决品牌危机等。

（5）品牌延伸阶段：通过品牌延伸，拓展品牌影响力，包括品牌扩展、品类延伸、地域延伸等。

在品牌传播阶段中，品牌定位和策略的制定是关键。需要根据品牌的目标和市场需求，选择适合的传播方式和媒介，提高品牌的知名度和认可度，并且要注意维护品牌形象，避免品牌声誉受损。

4.品牌裂变阶段

在品牌传播之后，需要进一步扩大影响力和市场份额。这个阶段需要注重品牌与消费者的互动和参与，如通过用户体验、社交营销等方式进行品牌裂变，扩大品牌的影响力和市场份额。同时，还需要注重品牌的创新和差异化，以便在市场中获得更多的竞争优势。

品牌裂变阶段是指品牌发展的一个阶段，即品牌开始出现分化和多元化的趋势，原有的品牌形象和风格逐渐被打破，品牌的产品线和目标市场也开始向多个方向发展。在品牌裂变阶段，品牌通常会面临一系列的挑战和机遇，如何在多个市场中占据优势地位、如何保持品牌的统一性和一致性、如何扩大品牌的影响力等。品牌裂变阶段的成功，需要品牌具备良好的战略规划和执行能力，以及高度的市场敏感性和创新能力。

利用品牌裂变快速脱离同质化市场

在阐述利用品牌裂变快速脱离同质化市场之前，我们需要先了解什么是同质化市场。同质化市场指的是市场中存在着大量同质化产品或服务，这些产品或服务在功能、品质、价值等方面相似，难以区分。同质化市场通常会导致价格竞争激烈，利润率低下，产品创新不足，市场份额和销售额的增长缓慢等问题。因此，企业需要通过差异化策略、品牌建设、营销创新等手段来打破同质化竞争，增加产品或服务的价值，提高市场竞争力。

再来看一下企业在同质化市场中面临的压力。

1. 价格压力

同质化市场中的产品价格相差无几，消费者往往会选择价格更低的产品。因此，企业必须在保证产品质量的前提下，控制产品成本，使得产品价格更具有竞争力。

2. 产品压力

同质化市场中的产品差异化程度较低，消费者难以区分不同品牌的产品。因此，企业必须通过市场营销策略和品牌建设来提高品牌知名度和客户忠诚度。

3. 创新压力

同质化市场中的企业往往缺少创新，产品同质化程度高。因此，企业必须不断创新，提供新的产品和服务，以满足消费者的需求，从而赢得市场份额。

4. 营销压力

在同质化市场中，企业的营销策略非常重要。企业必须能够有效地吸引消费者的注意力，提高产品知名度和品牌忠诚度。因此，企业需要制定差异化的营销策略，使其与其他企业区分开来。

所以，同质化市场中的企业必须在产品质量、价格、差异化营销等方面不断创新，以应对市场压力，从而取得成功。

企业可以利用以下三种方法来实现品牌裂变从而脱离同质化市场。

1. 创造独特的品牌形象

企业应该从品牌的名称、标志和口号等方面创造独特的品牌形象，使其与其他品牌有明显的区别，从而吸引消费者的注意力。

要在品牌裂变中创造独特的品牌形象，需要以下五个步骤。

（1）确定品牌的核心目标和定位。品牌的核心目标和定位是其最重要的特征，它将决定品牌在市场中的地位和形象。一个独特的品牌形象需要与品牌的核心目标和定位一致，并突出品牌的特色和优势。

（2）建立品牌的视觉识别系统。品牌的视觉识别系统包括品牌标志、标语、颜色、字体等符号和元素。这些符号和元素必须具有独特性，与品牌的核心目标和定位相符合。

（3）创造品牌故事和品牌体验。品牌故事和品牌体验是品牌形象的关键，它们可以帮助消费者了解品牌的背景、历史、文化和价值观，同时也可以提供一个全面的品牌体验，提高消费者的注意力和兴趣。

（4）利用社交媒体和营销策略。社交媒体和营销策略是品牌裂变中最重要的一环，通过这些渠道，品牌可以与消费者互动，分享品牌的故事和体验，建立品牌的形象和声誉。

（5）不断创新和改进。品牌形象需要不断地创新和改进，如推出新产品、打造品牌体验、与社交媒体合作等，以吸引更多的消费者，并保持品牌的独特性。

2.通过品牌故事建立品牌情感连接

企业可以通过讲述品牌故事来建立品牌情感连接，让消费者感觉到品牌与自己有共鸣，从而增强品牌忠诚度和口碑。

品牌故事是指品牌背后的故事，是一个品牌的历史、文化、理念、使命和愿景等方面的集合。通过品牌故事，消费者可以更好地理解和认同品牌，从而建立起品牌情感连接。

建立品牌情感连接的目的在于让消费者对品牌产生情感认同和忠诚度，从而增加品牌忠诚度和消费者口碑。以下是通过品牌故事建立品牌情感连接的一些方法。

（1）强调品牌的价值观。通过品牌故事来强调品牌的价值观，如品牌的社会责任感、对环境的保护、对员工和消费者的关心等，可以让消费者更好地认同品牌，从而建立情感连接。

（2）讲述品牌的历史和文化。讲述品牌的历史和文化可以让消费者更加了解品牌，从而建立情感连接。品牌的历史和文化可以是品牌创始人的故事，也可以是品牌的发展历程，还可以是品牌文化的传承和发展等。

（3）强调品牌的使命和愿景。品牌的使命和愿景可以让消费者更好地认同品牌的价值观和目标，从而建立情感连接。品牌的使命和愿景可以是为消费者提供优质的产品和服务，也可以是为社会做贡献等。

（4）让消费者参与品牌故事。消费者可以通过品牌故事了解品牌的历史和文化，参与品牌的活动，还可以分享自己和品牌的故事，从而建立情感连接。通过品牌故事建立品牌情感连接是一项长期的工作，需要品牌不断地更新和创新，从而让消费者始终保持对品牌的情感认同和忠诚度。

3. 利用社交媒体进行品牌宣传

企业可以利用社交媒体平台进行品牌宣传，与消费者进行互动，从而增强品牌形象和声誉，在社交媒体上创造品牌热度。现在，社交媒体已成为一个非常重要的品牌宣传渠道，可以让品牌更好地与消费者进行互动，提高品牌知名度和影响力。以下是一些利用社交媒体进行品牌宣传的方法。

（1）建立品牌账号。在各大社交媒体平台上建立品牌账号，如Facebook、Instagram、Twitter等，并完善资料和介绍。

（2）发布有价值的内容。发布有价值的内容，如品牌故事、产品介绍、行业资讯等，以吸引消费者的注意力。

（3）与关注者进行互动。回复用户的评论和私信，与关注者建立良好的互动关系，提高用户黏性和满意度。

（4）利用广告。在社交媒体平台上进行推广，可以帮助品牌快速提高知名度和曝光率。

（5）利用社交媒体影响者。与社交媒体影响者合作，让他们帮助品牌宣传，提高品牌的影响力和认知度。

（6）活跃参与社群。加入与品牌相关的社群，参与讨论和互动，增加品牌曝光度和社交媒体活跃度。

利用社交媒体进行品牌宣传需要有一定的策略和方法，需要不断试错和调整，才能更好地达到宣传效果。

新生品牌借用裂变逆势翻盘

电商时代给新生品牌带来了许多机遇，主要体现在以下四个方面。

1. 降低进入门槛

传统渠道需要大量的资金和资源，但电商平台可以通过注册、开店等简单的步骤就能进入。这为新生品牌提供了更低的进入门槛。

2. 提供更广泛的市场覆盖

通过电商平台，新生品牌可以覆盖全国甚至全球的市场，而不必担心地理限制和渠道限制。

3. 更灵活的销售策略

电商平台提供了多种销售模式，如自营、拍卖、团购、秒杀等，新生品牌可以根据自身情况选择适合自己的销售策略。

4.更低的营销成本

电商平台提供了各种形式的广告投放，比如搜索引擎推广、社交媒体广告、直播营销等多种方式，这些渠道比传统广告更加灵活、精准和便宜。

电商时代给新生品牌带来了更多机遇，但同时也带来了更大的竞争压力。新生品牌需要在产品质量、用户体验、品牌定位等方面不断努力，才能在电商市场获得成功。

新生品牌如何通过裂变逆势翻盘？新生品牌需要制定清晰的品牌裂变策略，包括裂变目标、裂变方式、裂变内容、裂变渠道等，以便有针对性地引导用户参与裂变；新品牌可以通过病毒营销策略，通过有趣、有价值的内容来吸引用户分享并扩散品牌，从而快速拉动裂变效果；新品牌可以在裂变活动中提供一些优惠活动，如赠送优惠券、积分等，吸引用户参与并分享品牌，从而提高裂变效果；新品牌可以利用社交媒体平台，通过有趣、有创意的内容来吸引用户参与裂变，从而快速扩大品牌影响力；新品牌可以提供特别、独特的用户体验，如定制化服务、免费试用等，吸引用户参与裂变活动，并在体验中增强品牌印象和用户黏性。

大数据时代下的品牌裂变新方程式

大数据时代下裂变的方程式可以表述为：数据获取+数据处理+数据分析+数据应用=业务增长+创新突破+成本效益。

其中，数据获取是指通过各种手段获取大量的数据；数据处理是将获取的数据进行清洗、去重、预处理等操作，使其变得更加规范化；数据分析是对处理后的数据进行挖掘和分析，从中发现有价值的信息；数据应用是将分析出来的信息应用到具体的业务场景中，推动业务增长和创新突破。通过持续地运用这个方程式，企业可以实现数据驱动的业务增长，提升竞争力和成本效益。

品牌裂变新方程式是一种新的品牌营销策略，其要点如下。

1.利用社交网络的传播效应

品牌裂变新方程式利用社交网络的传播效应，通过在社交网络上发布有趣的内容和活动，让用户自发地分享并传播品牌信息，从而扩大品牌知名度和影响力。利用社交网络的传播效应是一种非常有效的扩大品牌知名度的方式。

（1）建立一个专业的社交媒体账户。选择适合品牌的社交媒体平台，并确保设置一个专业的账户信息，包括品牌的标志、口号、联系信息等。

（2）发布有趣、有价值的内容。通过发布有趣、有价值的内容来吸引人们的关注，例如分享行业内的新闻、发布有趣的图片或视频等。

（3）与粉丝互动。回复粉丝的留言、评论，与他们建立互动关系，让他们感受到品牌的亲和力和关注度。

（4）利用广告投放。通过社交媒体平台的广告功能，精准投放广告，让更多人了解品牌。

（5）合作推广。与相关行业的人或网红合作，利用他们的影响力来扩大品牌的知名度。

通过以上方法，可以利用社交网络的传播效应，扩大品牌知名度，吸引更多的潜在客户，提升品牌在市场上的影响力。

2.引导用户参与互动

品牌裂变新方程式鼓励用户参与品牌的互动活动，如分享有趣的照片、制作创意视频等，从而增加用户对品牌的认知度和忠诚度。

（1）提供优质内容。在社交媒体平台或网站上发布有价值的信息、图片、视频等内容，吸引用户参与互动、分享、点赞、评论等。

（2）举办活动。组织线上或线下活动，如抽奖、问答、分享有奖等，吸引用户参与，增加品牌知名度。

（3）互动回应。及时回复用户留言、评论、私信等，积极参与社交媒体上的讨论话题，与用户建立良好的互动关系。

（4）创造用户体验。提供个性化的服务和定制化的产品，让用户有特别的体验和感觉，增加用户黏性和忠诚度。

（5）网络营销。利用网络广告、SEO等方式，将品牌宣传推广到更多的目标受众中，扩大品牌知名度。

3. 创造品牌口碑

品牌裂变新方程式利用用户传播品牌信息的同时，也通过积极地回应用户的反馈和建议，加强品牌与用户之间的互动，进而创造良好的品牌口碑。要创造品牌口碑并扩大品牌知名度，可以采取以下策略。

（1）提供优质的产品和服务。只有提供了高品质的产品和服务，才能够赢得客户的信任和认可，从而形成良好的口碑。

（2）进行市场推广。通过广告、营销活动、公关等手段，让更多的人知道品牌，并了解品牌的特点和优势。

（3）借助社交媒体。在社交媒体上建立品牌形象，发布有趣、有用的内容，与粉丝进行互动，从而扩大品牌的影响力。

（4）注重用户体验。提高用户体验，让用户感到舒适和满意，会让他们更愿意推荐品牌。

（5）与消费者进行沟通。与消费者进行积极的沟通，了解他们的需求和意见，及时解决问题，也是创造品牌口碑的重要途径。

（6）创新和不断优化。不断研发新产品、改进服务，不断优化品牌，也是扩大品牌知名度的有效方式。

品牌裂变新方程式通过社交网络的传播效应、用户的参与互动和口碑的创造，从而实现品牌的增长和发展。同时，这种新的品牌营销策略也为品牌带来了更多的机会和挑战。

运用品牌裂变打造流量池思维

流量池思维是一种营销策略，通过集中营销资源和流量，使得产品或服务能够快速地被大量的人群知晓、接受和使用。在流量池思维中，营销者需要将目标客户分为不同的群体，并针对不同的群体制定不同的营销策略，从而达到最大化的流量池效果。同时，流量池思维还强调营销者需要有足够的市场洞察力和战略眼光，以及强大的资源整合和执行力，才能在市场竞争中获得领先地位。

品牌裂变是一种通过社交媒体等渠道将品牌传播给更多人的策略。流量池思维则是将目标受众转化为品牌的流量池，实现品牌推广和营销。以下是如何通过品牌裂变实现流量池思维的五个步骤。

1. 制订品牌裂变计划

明确品牌裂变的目的、内容、时间和渠道等方面的要求和规划，确保品牌裂变的效果和可控性。制订品牌裂变计划需要考虑以下六个方面。

（1）定义目标受众。确定目标受众，了解他们的需求和购买习惯，以便制定更有效的裂变策略。

（2）制定裂变策略。制定多种裂变策略，如社交媒体营销、口碑传播、优惠促销等，以吸引更多的潜在用户。

（3）利用社交媒体。在社交媒体上发布有趣、有用的内容，鼓励用户分享和转发，增加品牌曝光度和影响力。

（4）口碑传播。通过引导满意用户发表评论和分享使用体验，扩大用户群体和影响力。

（5）促销活动。定期开展促销活动，提供优惠折扣和奖励，在吸引新用户的同时，也留住老用户。

（6）监测反馈和效果。监测裂变活动的反馈和效果，及时调整和改进策略，提高裂变效果和品牌价值。

2. 利用各种社交媒体平台来传播品牌

通过制作精美的宣传图片、视频、动画等素材，将品牌信息传播给更多的目标受众。

3. 做好互动的策划和执行

鼓励目标受众参与品牌裂变计划，如参与分享、点赞、转发等活动，增加品牌的曝光率和传播范围。

（1）确定互动目标。首先需要确定互动的目的，是增加品牌知名度、提高客户忠诚度，还是增加销售额等。

（2）确定受众。明确目标受众的特点和需求，以便制定相应的互动策略和内容。

（3）制定互动策略。根据目标和受众特点，制定相应的互动策略和计划，包括社交媒体营销、线上活动、微信营销等。

（4）制定互动内容。制定互动内容需要考虑到用户的需求和兴趣，以及品牌的特点和文化，保持内容的创意和吸引力。

（5）推广互动活动。通过多种方式宣传互动活动，吸引用户参与，包括通过社交媒体、邮件、短信、广告等。

（6）监测和改进互动效果。通过数据监测和用户反馈，不断改进互动活动的效果，提高用户满意度和品牌的认知度。

4. 通过品牌裂变积累流量池

将品牌裂变获得的优质流量整合到一个流量池中，形成一个长期、稳定的流量积累机制，进一步提升品牌的知名度和影响力。

（1）社交媒体挑战。品牌可以通过社交媒体发布挑战活动，并邀请粉丝参加。这种挑战活动需要参与者在社交媒体上分享品牌相关的内容，并邀请他们的朋友加入挑战。

（2）口碑营销。品牌可以通过口碑营销的方式让客户在社交媒体上分享他们对品牌的好评和推荐，鼓励客户分享他们使用品牌产品或服务的照片或视频，并邀请他们的朋友加入。

（3）社交媒体抽奖。品牌可以通过社交媒体发布抽奖活动，并邀请粉丝参加。这种抽奖活动需要参与者在社交媒体上分享品牌相关的内容，并邀请他们的朋友加入抽奖。

品牌裂变可以帮助品牌吸引更多的潜在客户，增加品牌影响力，并建立一个积累流量池，从而促进销售和业务增长。

5. 不断优化品牌裂变策略

根据品牌裂变的效果和市场反馈，不断优化和调整品牌裂变的策略，以提升品牌的推广效果和影响力。

品牌裂变策略的优化需要不断地进行数据分析和市场调研，以了解消费者的需求和行为模式。同时，也需要关注竞争对手的策略和市场动态，不断调整和改进自己的策略。在执行过程中，需要注意与消费者进行有效的沟通和互动，提高品牌的认知度和用户参与度。

第八章
裂变营销让用户成为品牌传播的力量

裂变营销（Viral Marketing）是一种通过社交媒体、网络分享和口碑传播等方式，利用用户自发地分享和传播，从而迅速传播营销信息，实现营销目标的一种营销策略。它将用户作为信息传播的主要媒介，通过让用户参与进来，自发地分享、转发和推荐，从而实现营销信息的快速扩散和传播。这种营销方式不仅可以降低营销成本、增加营销效果，还可以提高品牌知名度和用户参与度。

营销中的风口、痛点、数据拷打

1. 风口

营销中的风口是指市场上出现的一种趋势或风潮，可以为企业或个人提供机会和优势，使其能够在竞争激烈的市场中获得更大的成功。风口可以是某种产品或服务的快速增长，也可以是某种行业的潜力爆发。在营销中，抓住风口可以使企业获得更多的关注度和利润，提高品牌影响力，进而推动业务发展。但也需要注意，风口瞬息万变，企业需要及时调整策略，抓住新的机会。

营销中的风口有多种类型，大致有如下七种。

（1）社交媒体风口。随着社交媒体的不断发展，越来越多的品牌开始将营销活动放在社交平台上，以吸引更多的目标客户。

（2）移动互联网风口。随着智能手机的普及，越来越多的消费者开始使用移动互联网进行购物和搜索服务，因此，品牌需要将营销策略重点放在移动互联网上。

（3）视频营销风口。视频营销已经成为品牌营销中不可或缺的一部分。通过视频，品牌可以更好地展示自己的产品和服务，以吸引更多的目标客户。

（4）短视频风口。随着短视频应用的兴起，品牌可以通过短视频，快速吸引消费者的眼球，提高品牌知名度和销售量。

（5）人工智能风口。人工智能技术可以大大提升品牌的营销效果，如通过个性化推荐、智能客服等方式来增强客户体验。

（6）跨境电商风口。随着全球化的趋势，越来越多的品牌开始开展跨境电商业务，以吸引更多的海外客户。

（7）网红经济风口。网红经济已经成为品牌营销中的一个重要部分，通过与网红合作，品牌可以更好地推广自己的产品和服务。

2. 痛点

营销痛点指的是消费者在购买产品或服务时遇到的困难、问题或不满意的地方，是消费者对产品或服务提供商的需求和期望未得到满足而产生的痛点。营销痛点的存在可以影响消费者的购买决策和品牌忠诚度，因此了解消费者的营销痛点并解决它们对于企业来说非常重要。

营销中的痛点有很多，大概可归结为六点。

（1）定位和目标市场不清晰。如果营销策略没有针对具体的目标市场进行定位，营销效果很可能会打折扣。

（2）缺乏个性化和差异化。如果产品或服务缺乏个性化和差异化，会很难在市场中脱颖而出。

（3）营销渠道选择不当。选择不适合自己产品或服务的营销渠道，会导致营销效果不佳。

（4）不清楚竞争对手情况。了解竞争对手情况可以帮助企业更好地制定营销战略。

（5）营销投入不足。如果营销投入不足，就会影响到品牌知名度和销量。

（6）缺乏数据分析和反馈机制。缺乏数据分析和反馈机制，就会难以衡量营销效果和进行优化。

3. 数据拷打

数据拷打（Data scraping）是指使用计算机程序自动从互联网上抓取数据的过程。在营销中，数据拷打通常用于获取竞争对手的信息、市场趋势和消费者数据等，以帮助公司做出更加明智的营销决策。

数据拷打通常使用网络爬虫（Web crawler）或者特定的数据抓取工具来完成。这些工具可以自动访问多个网站并抓取指定的数据。数据拷打的难点在于如何正确识别和解析网站上的数据，并将其转化为可以分析和利用的格式。为了避免侵犯网站的版权和隐私权，数据拷打应该遵循合法的操作方式，并且不应该获取敏感信息。

数据拷打可以帮助公司快速获取大量的市场数据和消费者数据，有助于优化营销策略和改进产品设计。但是，数据拷打也存在一些风险，比如获取的数据可能不准确或过时，而且使用数据拷打工具可能会受到法律和道德上的限制。因此，在使用数据拷打工具时，公司应该遵循合法合规的原则，并且在数据分析和利用过程中谨慎处理。

在营销中，数据拷打通常用于清理客户数据库中的数据，以提高数据的质量和精度。数据拷打的过程可以包括以下步骤：检查数据的完整性，包括是否缺少必要的字段或信息；检查数据的准确性，如检查邮政编码是否正确；删除重复的数据记录；删除无效的数据，如错误的电子邮件地址或电话号码；标准化数据，如将所有地址格式化为相同的样式；将数据转换为适当的格式和类型，如将所有日期格式转换为相同的格式。

数据拷打可以帮助营销人员确保他们的客户数据库是准确、完整和最新的，从而提高在目标市场中的成功率。

裂变思维赋能营销，呈现圈地效应

裂变思维是指通过创新和创造性的思考方法来实现业务增长和发展的思维方式。它的核心理念是不断创新和尝试新的方法来扩大业务规模并提升服务质量。裂变思维不仅是对产品或服务的创新，也包括对企业模式、市场营销、人员管理等方面的创新。在现代商业领域，裂变思维已成为一种重要的商业战略，帮助企业实现竞争优势和持续发展。

裂变思维是营销中的一种新型思维模式，它能够帮助企业更好地利用社交化传播的力量，实现品牌的爆发式增长。具体来说，裂变思维赋能营销的主要方式包括以下四个方面。

1. 社交化传播

裂变思维将社交化传播作为核心，通过用户的分享、转发等行为来实现信息的快速传播和扩散。

社交化传播是指通过社交媒体等互动性强的平台进行信息传播和交流的过程。社交化传播强调用户参与和互动，传递信息的方式更加个性化和直观化，同时也更加快速和广泛。社交化传播可以带来更高的品牌认知度和用户参与度，同时也增加了社交媒体对品牌的影响力和传播效果。在当前信息时代，社交化传播已经成为品牌营销的重要手段之一。

2. 创意营销

裂变思维强调创意营销的重要性，通过有趣、有价值、有创意的内容和活动吸引用户的注意力，从而提高品牌的曝光度和影响力。

创意营销是指通过独特、有趣、创新的方法和手段，来吸引目标受众的注意力，传达品牌、产品或服务的信息，从而达到推广和销售的目的的一种营销方式。

创意营销主要依靠创意、艺术、文化、科技、互联网等元素，结合目标受众的心理、情感和行为，设计出富有想象力和创新性的营销策略。这种营销方式不仅可以提高品牌知名度，还可以增加产品或服务的销量，提升企业的品牌形象和声誉。

创意营销的形式多种多样，可以是广告、公关、促销、互动营销、社会化营销等。例如，通过制作有趣的广告、定制独特的产品包装、创意的线上线下活动、建立品牌社交媒体账号等方式来吸引目标受众的关注和参与，从而实现营销目标。

总之，创意营销是一种有趣、有创意、有思想的营销方式，可以为品牌带来更多的机会和成功。

3. 数据驱动

裂变思维注重数据的收集和分析，通过对用户数据的深入挖掘和分析，提高营销效果和转化率。数据驱动是一种管理和决策方法，它利用数据分析和数据挖掘技术来指导业务决策。数据驱动通常涉及从多个数据源收集和整合数据，使用分析工具和算法来发现数据中的关联和模式，然后基于这些洞察对业务进行优化和改进。数据驱动的方法强调决策应该基于数据而不是主观判断和经验，因为数据可以提供更准确、客观和可量化的信息，帮助企业更好地理解其市场、客户和业务绩效。

4.营销策略创新

裂变思维鼓励企业开拓新的营销渠道和策略，创新营销方式和手段，从而更好地与用户进行互动和沟通。以下是在营销策略上创新的一些方法。

（1）探索新的市场机会。通过市场调研和分析，了解目标消费者的需求和喜好，提示新的市场机会。例如，通过社交媒体或数据分析工具，挖掘目标受众的兴趣爱好和行为模式，为产品或服务提供更准确的定位和营销策略。

（2）利用新兴技术。在数字化时代，新技术的出现不断改变着人们的消费行为和购买决策。例如，利用虚拟现实（VR）或增强现实（AR）技术，为消费者提供沉浸式的体验，推广品牌形象和产品特点。

（3）创造有趣的内容。创造有趣的、有故事性的内容可以吸引消费者的注意力，提高品牌认知度和影响力。例如，通过视频、动画、博客或社交媒体等方式分享品牌的背后故事或产品特点，提升品牌的可信度和亲和力。

（4）利用社交媒体和影响者。社交媒体和影响者已经成为营销领域不可或缺的一部分。通过与社交媒体上的受众、社区和影响者合作，可以扩大品牌的影响力和知名度，建立更紧密的关系，提高消费者忠诚度。

（5）个性化的营销。随着数据分析和个性化技术的不断发展，营销人员可以更好地了解目标受众的需求和兴趣，并针对性地提供定制化的营销策略和服务。例如，电子商务平台可以利用用户数据和分析工具，为用户提供个性化推荐和优惠活动，提高用户体验和忠诚度。

综上所述，裂变思维赋能营销能够帮助企业实现品牌的快速增长和市场份额的提升，是一种非常有前途的营销模式。

事件营销，打造独特的价值销售主张

事件营销是指企业或组织利用活动的形式来推广品牌、产品或服务的市场营销策略。通过组织各种活动，如赛事、演出、展览、派对、庆典等，将目标受众聚集在一起，通过活动中的互动体验来传达品牌或产品的价值和特点，以达到提高品牌知名度、增加销售量等目的。

事件营销可以在社交媒体上进行宣传，吸引更多人参与活动，并通过活动中的互动体验来吸引大众关注和产生共鸣，从而扩大品牌影响力和知名度。事件营销还可以帮助企业与消费者建立更广泛的联系，增强客户忠诚度，提高品牌形象和口碑。

事件营销需要针对目标受众的需求和兴趣设计活动内容，创意和策划能力至关重要。同时，也需要完善的组织和执行能力以确保活动的顺利进行。

事件营销具有以下特点：独特性，事件营销通常是针对具体的活动或事件，因此具有独特性和专门性；体验性，事件营销强调参与者的体验和情感体验，能够产生深刻的记忆和积极的反应；互动性，事件营销通常需要参与者的互动和参与，能够增强品牌与消费者之间的互动和沟通；多元化，事件营销可以采用不同的形式和方式，如比赛、演出、展览、派对等，能够满足不同消费者的需求和兴趣；效果显著，通过事件营销，品牌可以创造出更多的曝光率、关注度和口碑效应，提高品牌知名度和美誉度；成本高昂，相对于其他营销手段，事件营销的成本往往更高，需要耗费更多的预算和资源。

善用分销模式，刺激消费者行为

分销模式是一种营销策略，其中一个公司将其产品或服务提供给其他公司进行销售。分销模式可以通过多种方式实现，如公司可以与零售商合作，将产品放在零售商的店铺中出售。此外，分销模式还可以通过在线渠道实现，如公司可以将其产品或服务出售给在线市场，然后由在线市场出售给最终客户。分销模式允许公司扩大其市场覆盖范围，增加销售量和营收，并提高产品或服务的可见度。

为什么说分销模式可以刺激消费者行为，主要因为以下四个方面。

1. 价格优惠

分销模式可以加速产品流通和销售，在销售环节中省去了一些流通环节和成本，从而可以以更优惠的价格销售给消费者。

2. 提升产品曝光率

分销模式让产品更容易被消费者发现和了解，进而提高产品的曝光率和知名度，从而吸引更多消费者购买。

3. 提高销售渠道覆盖率

分销模式可以让产品通过更多的销售渠道进行销售，从而覆盖更广泛的消费者群体，提高销售量和市场份额。

4. 提供更好的售后服务

分销商通过提供更好的售后服务，能够更好地满足消费者的需求和反馈，提高消费者满意度，从而增加消费者的忠诚度。

我们接下来举五个通过分销模式刺激消费者行为，提升企业市场份额的成功案例。

1. 电商平台——阿里巴巴分销模式

阿里巴巴是一个全球领先的 B2B 电子商务平台，它的分销模式是其成功的关键之一。阿里巴巴的分销模式是让小型企业通过阿里巴巴的网站找到更多的客户和销售机会。阿里巴巴提供的平台和工具帮助小型企业扩大业务规模，同时也为买家提供了广泛的选择。

2. 金融领域——红杉资本分销模式

红杉资本是一家全球领先的风险投资公司，其分销模式是将资金投入创新的初创企业中，帮助这些企业实现快速增长和成功。红杉资本帮助初创企业建立了一个庞大的商业网络，包括其他公司、投资者、企业家和行业专家，这些资源可以帮助初创企业实现快速扩张。

3. 电商平台——亚马逊分销模式

亚马逊是世界上最大的在线零售商之一，其分销模式是将自己的平台开放给其他企业和个人，让他们在亚马逊上销售自己的产品。亚马逊提供了广泛的销售工具和支持，帮助卖家扩大其业务规模。亚马逊的分销模式为消费者提供了更多的选择和更好的购物体验。

4. 视频平台——爱奇艺分销模式

爱奇艺是中国领先的在线视频平台，其分销模式是与其他媒体公司和内容提供商合作，共同推出和分销原创内容。爱奇艺与其他媒体公司和内容提供商建立了长期的合作关系，共同开发和推广高质量的内容，这使得爱奇艺成了一个全方位的在线视频娱乐平台。

5. 出行平台——优步分销模式

优步是一家全球领先的出行服务公司，其分销模式是将其平台开放给其他企业和开发者，让他们开发和分销基于优步平台的出行服务应用。优步允许第三方开发者访问其API，以创建自己的出行服务应用，并从优步的用户和资源中受益。这一分销模式帮助优步扩大了其业务覆盖范围，同时也为消费者提供了更加定制化的出行服务。

分销模式能够让企业获得更多消费者的认同，并且能够直接刺激消费者的消费行为。对于消费者来说，他们看重的是"分销模式"中的优势。

1. 提供多样化的产品选择

分销模式可以为消费者提供更多的产品选择，由于分销商在不同的地区和市场，其产品种类和品牌也会不同。因此，消费者可以从分销商的渠道中找到更多的产品选择，以更好地满足个人需求。

2. 提供更好的价格

分销商通常可以采购更多的商品，从而可以获得更好的价格，这些优惠的价格最终可以让利给消费者。这样消费者可以获得更低的价格，从而更容易购买其所需的商品。

3. 提供更好的服务

分销商通常会提供更好的服务，因为他们需要满足客户需求以获得更多的销售收益。分销商可以提供更好的客户支持，包括产品说明、安装和维护等服务，这样可以帮助消费者更好地了解产品和使用产品。

4. 提供更方便的购物体验

分销商通常有更多的销售网络和渠道，包括实体店和在线商店，这可以为消费者提供更方便的购物体验。消费者可以通过多个渠道购买所需的商品，并且可以选择自己最喜欢的购物方式。

5. 提供更好的品质保证

分销商会对产品进行严格的品质控制，并为产品提供更好的保证。这可以帮助消费者放心购买产品。

总之，分销模式可以通过提供更多的产品选择、更好的价格、更好的服务、更方便的购物体验和更好的品质保证等方式刺激消费者，从而提高产品的销售收益。

从人、货、场三方面，打造交易闭环

交易闭环指的是从商品/服务提供商到消费者的整个交易过程中所涉及的所有环节和参与方；通常包括以下五个环节：

（1）商品/服务提供商，提供商品或服务的企业或个人；

（2）支付系统，作为交易的媒介，实现消费者支付给商品/服务提供商的款项；

（3）银行或支付机构，作为中介机构，提供支付结算服务；

（4）快递或物流公司，负责商品的配送和送达；

（5）消费者，购买商品或服务的个人或企业。

交易闭环的完整性和稳定性对于整个交易过程的顺利进行至关重要。同时，交易闭环还需要保障信息安全和隐私保护，避免交易过程中的欺诈、数据泄露等问题。

交易闭环是指从产品发布到交付的整个过程中所涉及的环节及其相互关系。在电商行业中，交易闭环通常包括用户注册、产品浏览、订单下单、支付结算、发货、物流跟踪、收货确认、评价反馈等环节。

1. 用户注册

访问想要注册的网站、电商平台并按照其注册流程进行注册。一般来说，需要提供个人信息，如姓名、电子邮件地址和手机号码等，以便网站验证身份并创建账户。同时，需要设置一个用户名和密码以便登录该网站。请注意，不同的网站可能有不同的注册要求，具体细节可能会有所不同。

2. 产品浏览

产品浏览是指消费者在购物网站或线下实体店中浏览和查看产品的过程。在产品浏览过程中，消费者可以了解产品的特点、功能、价格等信息，以便做出购买决策。产品浏览也是购物决策过程中的重要环节，可以帮助消费者更好地了解市场上的产品和价格，从而选择最适合自己的产品。

3. 订单下单

订单下单是指在电商平台或移动端应用上将商品加入购物车并支付完成，生成一份购买商品的订单的过程。在下单过程中需要填写收货地址、联系方式等信息，并选择支付方式和配送方式。下单完成后，订单会被发送到商家或平台进行处理和发货。

4. 支付结算

支付结算是指在商业交易中，买方向卖方支付货款的过程。这个过程是指银行或支付机构在交易完成后将资金从买方账户转移至卖方账户的过程，以完成交易。在此过程中，还包括计算和确认应付金额，以及对账和清算等环节。支付结算是商业交易的重要环节，也是商业活动中不可或缺的一部分。

5. 发货

发货是指将货物从存放或生产地点运送到客户、买家或商店等目的地。发货通常是在完成订单后进行的，货物从仓库或生产线取出，经过包装和标记后，交由物流公司或个人运输到目的地。发货包括确定货物的数量、种类和质量，制订运输计划和安排运输工具，以及跟踪货物的运输过程等。

6. 物流跟踪

物流跟踪是指在货物从发出地点到到达目的地之间，通过各种手段对货物运输过程中的状态、位置、时间等进行实时监测和跟踪的一种方式。通过物流跟踪，可以实现对货物运输过程的实时监测和掌握，提高物流运作的效率和安全性，能够帮助企业更好地管理和控制物流成本，提高客户满意度和市场竞争力。

7. 收货确认

收货确认是指确认收到货物的行为，通常在购买商品或服务后，在收到商品或服务后需要进行确认，表示已经收到并满意该商品或服务。在电子商务中，收货确认通常是指在网站上点击"确认收货"按钮，或者在收到商品后发送确认信息给卖家。收货确认对于双方都很重要，对于买家来说，可以保证商品已经送达并且符合预期；对于卖家来说，可以确认买家已经收到商品并完成交易。

8. 评价反馈

评价反馈是指针对某个人、团队、产品或服务等，由他人提供的具体意见、建议、评价和反馈。评价反馈可以帮助人们了解自己的优点和不足，改进自己的工作方法和效率，促进个人和组织的发展。在企业和团队中，评价反馈也是重要的管理工具之一，可以用来衡量员工的绩效和贡献。

不过，企业想要打造一个完整的交易闭环，需要从人、货、场三个方面进行考虑和优化。

1. 从人的角度考虑

人是交易闭环中最重要的一环。要打造一个良好的交易闭环，需要充分考虑用户的需求和体验。具体措施包括：

（1）提供优质的商品和服务，保证用户的购物体验；

（2）提供便捷的支付方式，确保用户支付安全、快速；

（3）提供优质的客户服务，能够及时处理用户的问题和投诉；

（4）推出促销活动，吸引用户参与；

（5）通过用户反馈，不断优化和改进服务，提升用户满意度。

2. 从货的角度考虑

此处的货指的是销售的商品。为了打造一个完整的交易闭环，需要从货的质量、种类、价格等方面进行考虑。具体措施包括：

（1）提供高品质的商品，确保产品质量；

（2）提供多样化的商品选择，满足不同用户的需求；

（3）合理定价，确保用户买得起，卖得出；

（4）通过数据分析和用户反馈，不断调整商品种类和价格，以提高销售额。

3. 从场的角度考虑

这里的场，指的是销售的平台或渠道。为了打造一个完整的交易闭环，需要从场的稳定性、可信度、安全性等方面进行考虑。具体措施包括：

（1）建立稳定的电商平台，确保用户购物的安全性；

（2）通过技术手段和安全措施，保护用户的隐私和交易安全；

（3）建立可靠的供应链体系，确保商品的及时供应和发货；

（4）提供多样化的物流配送方式，以满足不同用户的需求；

（5）建立完善的售后服务体系，处理用户退换货及维权等问题。

通过从人、货、场三个方面进行考虑和优化，可以打造一个完整的交易闭环，提升用户的购物体验和满意度，推动电商行业的快速发展。

第九章
平台裂变激发分享标准，重塑行业

平台裂变是一种增长策略，旨在通过吸引和留住现有用户来扩大用户群体。该策略侧重于提高用户的参与度和忠诚度，以促进用户对平台的分享和推广，从而吸引更多的新用户。

平台裂变通常包括以下步骤：确定谁是最活跃和有影响力的用户，并尝试吸引他们在平台上推广和分享；通过增加交互性和个性化体验来提高用户参与度，可以通过增加社交功能，提供个性化推荐等方式实现；为用户提供激励措施，如免费使用时间或优惠券等，以吸引他们在社交媒体上分享平台的链接或邀请朋友加入；通过监测和分析用户行为和反馈来优化平台裂变策略，以确保实现可持续增长。

平台裂变是许多成功互联网公司的关键策略，这些公司通过提高用户参与度和忠诚度来吸引更多的新用户，从而实现了快速增长。

具有裂变机制的社交平台

具有裂变机制的社交平台是指通过用户的分享行为来扩大社交网络，从而实现快速增长的社交平台。这种机制可以让平台在较短的时间内迅速扩大用户规模，并且可以节省营销和推广的成本。具有裂变机制的社交平台通常有以下特点。

1. 鼓励用户分享

平台会提供用户分享的入口和工具，比如分享到其他社交平台、邀请好友等，从而扩大平台的影响力。

平台鼓励用户分享是一种促进社交互动和增加用户黏性的有效策略。通过鼓励用户分享平台上的内容、活动、优惠等信息，可以扩大平台的受众范围，提高品牌曝光率和用户留存率。具体的措施包括：提供分享按钮和链接，平台提供方便用户分享的按钮和链接，让用户可以轻松地分享内容到个人社交媒体、微信群、朋友圈等平台；平台通过鼓励用户分享，增加用户参与度和忠诚度，提高品牌曝光率和用户留存率。

2. 奖励用户分享

平台会给用户提供奖励，比如积分、礼品等，鼓励他们分享平台内容。

平台可以通过赠送积分、打折优惠等方式激励用户分享内容。这可以增加用户参与度和忠诚度，同时也可以带来更多的用户流量。

3. 利用用户数据

平台会利用用户的行为数据，比如分享、点赞、评论等，来推荐更多用户，从而实现裂变。利用数据向用户定期推送热门内容，平台可以定期推送热门内容和活动信息，引导用户分享。这样可以促进用户互动，增强用户的参与感和归属感。

4. 强调社交互动

平台会注重用户之间的互动和交流，比如建立社群、发起话题等，从而增强用户黏性。社交互动功能不仅可以增加用户的参与度和黏性，还可以提高平台的曝光率和知名度，从而促进平台的发展和壮大。另外，平台还可以通过推出一些社交活动和竞赛等，来吸引更多的用户参与，并进一步增强平台的社交性。

目前，具有裂变机制的社交平台有很多，比如微信、抖音、快手等。这些平台通过创新和优化，不断提高用户的参与度和体验感，从而保持了持续的发展和壮大。

1. 微信

用户可以通过邀请好友加入群聊、分享朋友圈等方式扩大自己的社交圈。我们来看一下微信的社交机制。

好友制度：微信的社交机制是基于好友制度的，用户需要向对方发送好友请求并经过对方确认后才能成为好友。

圈子功能：微信的圈子功能可以让用户创建或加入不同的群组，以便与共同兴趣爱好的人交流。

朋友圈：用户可以在朋友圈中发布自己的动态，同时可以浏览好友的动态，并对其进行点赞和评论。

微信公众号：微信公众号是一个开放的平台，用户可以关注自己感兴趣的公众号，获取有关各种话题的信息，同时也可以通过自己的公众号来分享自己的想法和经验。

微信支付：微信支付是微信的一项重要功能，用户可以通过微信支付完成在线购物、转账、缴费等操作，这也为微信提供了更多的社交互动机会。

2. 抖音

用户可以通过发布有趣、有价值的视频，吸引更多的观众关注自己的账号，从而扩大自己的影响力。和微信不同，抖音的社交机制主要包括以下内容。

粉丝关注：用户可以关注其他用户，同时也可以被其他用户关注。关注后可以看到对方发布的视频。

点赞评论：用户可以对其他用户的视频进行点赞和评论。

私信：用户可以私信其他用户，进行一对一的沟通。

消息通知：当其他用户在自己的视频下面进行点赞、评论和@自己时，会收到消息通知。

挑战赛：用户可以发起挑战赛，邀请其他用户参与，从而增加互动性。

直播：用户可以进行直播，与粉丝进行互动。

通过以上社交机制，抖音为用户提供了丰富的社交体验和互动机会。

3. 快手

用户可以通过发布有趣、有创意的短视频，吸引更多的粉丝关注自己的账号，从而扩大自己的影响力。

快手的社交机制主要包括以下几个方面。

关注：用户可以关注其他用户，以便在个人主页上获得其新发布的内容。

点赞：用户可以给喜欢的视频点赞，表达对作者的支持和喜爱。

评论：用户可以在视频下方留下评论，与作者和其他用户交流互动。

私信：用户可以通过私信功能给其他用户发送消息，进行一对一的交流。

分享：用户可以将视频分享到自己的个人主页、朋友圈或其他社交平台上，扩散影响。

礼物赠送：用户可以给喜欢的作者赠送礼物，表达对其的赞赏和支持。礼物也可以用来提升自己的等级和权限。

活动参与：快手会举办各种活动，用户可以参与其中，与其他用户互动、赢取奖励等。

以上是快手的社交机制,通过这些机制,用户可以与其他用户互动交流,增强用户黏性和社交性。

4.新浪微博

用户可以通过发布有趣、有价值的微博,吸引更多的粉丝关注自己的账号,从而扩大自己的影响力。作为具有影响力的社交平台,新浪微博的社交机制又有哪些?

新浪微博的社交机制主要包括关注、粉丝、私信、评论和转发等功能。

关注:用户可以关注其他用户,关注后可以在自己的首页看到关注用户的更新,也可以在关注列表中查看关注用户的动态。

粉丝:其他用户可以关注自己,成为自己的粉丝,粉丝可以在自己发布的微博下进行评论和转发等操作。

私信:用户可以向其他用户发送私信,进行一对一的交流。

评论:用户可以在其他用户发布的微博下进行评论,互动交流。

转发:用户可以将其他用户发布的微博进行转发,分享到自己的微博中,也可以在转发时添加自己的评论或表情等。

不难看出,微博的社交机制与快手等视频社交平台有相似的地方。不过,微博中的用户,相对来说在社交过程中,虽然能够主动点赞、评论,但是与博主的互动是完全被动的。所以,企业想要通过微博建立社会,最好的是作为发布信息的一方。

5. QQ空间

用户可以通过发布有趣、有价值的动态，以及邀请好友加入自己的空间，扩大自己的社交圈。作为最早的社交平台，QQ空间出现的时候还没有社交机制这样专业的术语，但是，QQ空间是绝对具有社交机制的平台。作为中国最大的社交网络之一，QQ空间具有丰富的社交机制和功能，以下是QQ空间的社交机制。

好友系统：QQ空间的好友系统与QQ聊天工具相互关联，用户可以通过QQ号码或昵称添加好友，好友之间可以互相访问和留言。

留言板：QQ空间的留言板是用户间互动的重要渠道，好友可以在留言板上互相留言，分享想法和感受。

说说：说说是QQ空间的短文本发布平台，用户可以在上面发布文字、图片、音乐、视频等内容，与好友分享自己的生活点滴。

相册：相册是QQ空间的图片分享平台，用户可以自行创建相册，并分享照片、图片等内容。

兴趣部落：兴趣部落是QQ空间的社群功能，用户可以加入自己感兴趣的部落，与志同道合的人分享兴趣和爱好。

QQ空间游戏：QQ空间还提供了各种游戏，用户可以通过游戏与好友互动，增进友谊。

总之，QQ空间提供了多种丰富的社交机制，让用户可以与好友分享自己的生活、想法和感受，增进彼此之间的了解和感情。

对于企业来说，如何更好地利用具有裂变机制的平台，如何利用平台各种不同的裂变机制实现裂变增长是重中之重。总的来说，企业需要在利用具有裂变机制的平台之前，要先了解目标受众的特点和需求，针对受众的兴趣点和需求来设计裂变机制，从而更好地吸引和留住受众。

利用社交平台，为初创企业获取第一批用户

作为初创企业想要获取第一批用户，需要通过哪些渠道？对于任何一家企业而言，想要获取第一批用户，往往要通过以下五个渠道。

1. 口碑传播

利用社交媒体、口碑营销等方式，将产品或服务的信息传递给潜在客户，从而吸引他们成为第一批客户。口碑传播就是线下传播，以人传人的方式进行，一个用户觉得产品很好，就会推荐给其他用户。

2. 个人网络

利用个人网络，如家人、朋友、同学等，向他们介绍产品或服务，让他们成为第一批客户，并为企业提供反馈和改进的建议。这种模式在国内并不是很受欢迎，一旦涉及让自己的家人、朋友、同学去尝试，就多多少少要"卖人情"。另外，企业的产品或服务如果是人们衣食住行的必需品，并且价格也要比市场同类产品优惠很多，身边的人就可以成为消费者。反

之，就会被亲朋好友误会，并且被烙印上一个"杀熟"的标签。

3. 线下推广

利用客户群体经常出现的地方进行推广，如企业附近的商业区、超市、社区等地方，通过发放宣传单、举办活动等方式吸引客户。这类推广方式是很多企业会选择的宣传方式，也是产品打开知名度的一个有效方式。

4. 内部推广

利用员工推广产品或服务，如员工推荐给自己的联系人、朋友等，让他们成为第一批客户。一般情况下，作为员工并不喜欢企业强制性地让自己将产品推荐给自己的亲朋好友。举个例子，一般让员工说服亲朋好友购买的产品，我们脑海里直接会显现出"保险""理财"。因此，内部推广不是企业能够做强做大的有效方法。

5. 试用体验

对于特定的产品或服务，提供试用或免费体验的机会，吸引潜在客户成为第一批用户，并在试用过程中获取用户反馈。相对来说，这一方法需要准备大量试用产品，需要投入一定的资金，因此，企业需要根据自己所涉及的业务以及能力尝试是否采用试用体验的方式。

以上我们发现都是以线下的方式获取第一批客户，那么，我们整本书讲的是"裂变增长"，想要快速裂变必然是需要通过线上模式，利用各大平台，让初创企业获取第一批客户。

1. 确定目标客户群体

在社交平台上确定适合企业产品或服务的客户群体，包括性别、年龄、地域以及兴趣等因素，有针对性地吸引目标客户。这一点很重要，产品面向的目标受众是哪一类，就要选择适合的那一类平台。比如，生产婴幼儿产品的企业，应该把精力放在"宝妈"最愿意浏览的网站、论坛、公众号、小程序、微信群、微博博主等，然后通过在相关平台或栏目上宣传，让更多"宝妈"了解产品、记住品牌。

2. 制订社交媒体营销计划

对于不同的社交平台，需要制订不同的营销计划，并在适当的时间发布有价值的内容来吸引目标客户的关注。做什么事情都需要有一个计划，尤其是媒体营销，因为有一些媒体是可以免费使用的，但有一些就需要付费，因此制订媒体营销计划利于企业有的放矢。另外，营销计划还包括发布内容的时间、发布内容的频率等。

3. 提供有价值的内容

企业需要提供有价值的内容，如教程、指南和行业新闻等，以吸引并留住目标客户，使他们感兴趣并参与互动。越来越多的消费者注重自己能否从商家提供的信息中获取有价值的内容，比如，儿童益智玩具的商家想要向儿童家长推荐产品，仅是展示产品不足以打动家长，就要从产品本身所具有的冷知识切入，让家长感觉自己获取到了有价值的内容，并且觉得购买这个玩具也能够让孩子更好地开发智力，健康成长。

4. 参与社交媒体互动

积极参与社交媒体互动，回复和分享客户的帖子和评论。此举可增加企业知名度和客户忠诚度。互动很重要，商家要随时、及时地与客户互动。例如，一位朋友看上一款烧瓷工艺的杯子，两个商家的产品价格不相上下,产品质量看起来也没有太大差别。但是,朋友在购买前总有一些小问题,毕竟动辄上万元一套的烧瓷杯套装,自然是要多问一问。朋友将疑问同时发送给商家甲和商家乙,商家甲总是迟迟没有回复,即便回复,一看回复内容就是小机器人回复的。而商家乙不仅能够快速回复,而且回复内容一看就是人工回复。经过了这么几个问答回合后,朋友便毫不犹豫地购买了商家乙的产品。

综上所述,初创企业可以通过各大平台来吸引潜在客户,但也需要根据自身的情况选择最适合的获客平台。

建立私域流量池,第一时间抢占商业地盘

私域流量池是指企业建立的自己拥有和掌控的流量资源,通常包括自有网站、App、微信公众号、小程序等。与之相比,公域流量池指的是依托于第三方平台(如微信、淘宝、京东等)获取的流量资源。私域流量池的优势在于可以更好地掌控用户数据和用户体验,并且可以更加灵活地进行运营和营销。因此,在数字化转型和品牌建设中,建立和拥有一个稳定的私域流量池已经成为企业发展的重要战略之一。

1. 建立一站式平台

企业需要建立自己的一站式平台,包括官网、微信公众号、App等,通过这些平台,实现用户数据的收集、整合、管理和运营。同时,这些平

台也可以为企业提供更好的用户体验,增强用户黏性。

企业建立一站式平台旨在为客户提供全方位的服务,包括产品展示、营销推广、客户服务、数据分析等多个方面。通过搭建一站式平台,企业可以将所有服务整合在同一个平台上,提高客户体验,增加销售额和品牌影响力。

(1)产品展示。企业可以在平台上展示自己的产品,包括文字、图片和视频等多种形式,让客户更直观地了解产品的特点和优势。

(2)营销推广。平台可以集成多种营销工具,如SEO、SEM、社交媒体和电子邮件等。通过这些工具,企业可以更有效地推广产品和服务,提高品牌知名度和销售额。

(3)客户服务。平台可以提供多种客户服务渠道,如在线客服、客户论坛和客户反馈系统等。通过这些渠道,企业可以更及时地解决客户问题,提高客户满意度和忠诚度。

(4)数据分析。平台可以集成多种数据分析工具,如Google Analytics(谷歌分析)和百度统计等。通过这些工具,企业可以更清晰地了解客户行为和他们的购买习惯,优化产品和服务,提高销售效率。

企业通过建立一站式平台来提高客户体验,增加销售额和品牌影响力。对于中小企业来说,搭建一站式平台需要一定的资金投入和技术支持,但是这对企业未来的发展来说是非常值得的。

2. 优化内容策略

要想提升用户对企业的关注度和忠诚度,企业需要针对目标用户的需求和兴趣,制定具有参与性、互动性和实用性的内容,让用户产生共鸣和价值感。作为企业，优化内容策略是至关重要的。

（1）吸引更多的流量。优化内容策略可以帮助企业吸引更多的流量，从而提高品牌知名度和销售额。通过提供有价值的内容，企业可以吸引更多的潜在客户和现有客户。

（2）提高搜索引擎排名。优化内容策略可以帮助企业提高搜索引擎排名。当企业的内容包含关键词时，搜索引擎会更容易将其与搜索查询匹配，从而提高企业的排名。

（3）建立品牌形象。通过优化内容策略，企业可以建立更有影响力的品牌形象。当企业提供有价值的内容并与客户进行互动时，企业可以建立更深层次的联系，从而建立品牌忠诚度。

（4）提高客户满意度。优化内容策略可以帮助企业提高客户满意度。当企业提供有价值的内容和资源时，客户会感到更加满意，从而提高客户留存率和忠诚度。

（5）促进销售。通过优化内容策略，企业可以促进销售。当企业提供有价值的内容并与潜在客户进行沟通时，企业可以推销产品和服务，从而促进销售。

总之，优化内容策略对企业发展至关重要。通过提供有价值的内容并与客户进行互动，企业可以吸引更多的流量，提高搜索引擎排名，建立品牌形象，提高客户满意度，并促进销售。

3.营造沉淀用户的社群

通过社群运营，让用户在社群中产生沉淀和归属感，形成企业独有的社群文化。在社群中，企业可以提供更好的服务和产品，加深用户对企业的信任度和忠诚度。营造沉淀用户的社群需要从四个方面入手：

（1）找到核心用户。首先，需要找到自己的核心用户，他们是对产品或服务最感兴趣的用户，也是最有价值的用户。可以通过市场调查、用户分析等方式来找到核心用户。

（2）建立互动机制。社群需要建立互动机制，让用户之间可以交流、分享经验和知识。可以通过发布话题、举办线下活动等方式来促进用户之间的互动。

（3）增加用户参与度。社群需要不断增加用户的参与度，让用户成为社群的一部分。可以通过发布用户贡献榜、设置勋章等方式来激励用户参与。

（4）维护社群氛围。社群需要维护良好的氛围，让用户感到温馨、友好、互助。可以通过设立社群规则、加强管理等方式来维护社群氛围。

4.数据分析和精细化运营

通过数据分析和精细化运营，企业可以更好地了解用户需求和行为，针对用户的特征和行为制订有针对性的营销计划，提升用户转化率和留存率。

5.与用户建立长期关系

与用户建立长期关系，让他们成为企业的忠实用户和品牌代言人。在用户的关注和支持下，企业可以更好地发展壮大，发挥自己的品牌优势，提高自身的竞争力。与用户建立长期的关系是企业成功的关键之一，可以带来诸多好处。

（1）提高顾客忠诚度。长期关系可以建立顾客的信任和忠诚度，让他们更愿意继续购买你的产品或服务。

（2）提高客户满意度。通过建立长期关系，企业可以更好地了解客户需求，及时提供更好的服务，提高客户满意度。

（3）提高销售率。忠诚的客户更容易接受推销员的推销，同时也会更容易向他人推荐产品或服务，从而提高销售率。

（4）降低营销成本。与现有用户建立长期关系可以减少企业的营销成本，因为现有用户更容易被保留，不需要花费大量的资源去开发新用户。

为了与用户建立长期关系，企业可以采取以下策略：提供优质的产品和服务，以满足用户需求；定期与客户进行沟通，了解他们的需求和反馈；提供个性化的服务，以满足用户的不同需求；提供奖励和优惠，吸引用户留下来；建立用户数据库，定期向用户发送营销信息和优惠券等。

通过这些策略，企业可以与用户建立长期关系，提高用户忠诚度和满意度，从而获得更高的销售和利润。

"裂变+电商+平台"，快速提升业绩

裂变电商平台是指一种利用裂变营销模式和电商技术打造的在线交易平台，它能够帮助企业快速推广产品和服务，吸引更多的用户，提高品牌影响力和市场占有率。

裂变营销模式是指通过用户之间的分享和邀请，快速扩大品牌传播范

围,并引导用户进行购买和消费行为的一种营销方式。在裂变电商平台上,通过设置分享和邀请机制,用户可以通过分享链接和邀请码将商品推荐给自己的朋友和家人,从而获得相应的奖励和优惠。

电商技术则是指利用互联网、移动端等技术手段,将传统的线下交易转移到线上,打造一个全新的电子商务交易平台。裂变电商平台通过整合电商技术,提供在线支付、物流配送、售后服务等一系列功能,实现商品的线上销售和交易。

裂变电商平台的出现,不仅有利于企业快速扩大规模和提升品牌影响力,而且为消费者提供了更加便捷、安全、优惠的购物体验,同时也推动了电商行业的发展和创新。

企业可以通过以下五种方式在电商平台上实现裂变,从而提升业绩。

1. 分享优惠券

企业可以在电商平台上发布优惠券,并鼓励用户通过分享获得更多的优惠券。例如,用户将优惠券分享给朋友并成功使用后,可以获得额外的优惠券或积分奖励,从而增加裂变效果。优惠券可以作为一种营销工具,利用它来实现裂变营销。以下是一些分享优惠券实现裂变的方法:

(1)社交媒体分享。在社交媒体平台上发布优惠券,鼓励用户分享到自己的朋友圈,如果分享者的朋友使用了这个优惠券,那么分享者也会获得一些额外的优惠或奖励。

(2)口碑传播。将优惠券发送给一些忠实用户或品牌大使,鼓励他们将优惠券分享给他们的朋友和家人,通过口碑传播来吸引更多的潜在用户。

（3）联合营销。与其他品牌或商家合作，共同推出优惠券活动，通过互相转发介绍来扩大受众群体，提高营销效果。

（4）邀请码。向现有用户提供独特的邀请码，鼓励他们邀请自己的朋友来使用优惠券，并给予一些额外的优惠或奖励。

（5）限时优惠。优惠券活动限制在较短的时间内，鼓励用户尽快分享优惠券，以获得更多的优惠或奖励。这种方法可以有效地提高用户分享和参与的积极性。

总之，通过分享优惠券实现裂变营销可以帮助企业更加有效地吸引和留住用户，提高品牌知名度和销售额。

2. 社交化推广

企业可以利用电商平台的社交化功能，如微信小程序的分享、朋友圈转发等，扩大品牌影响力，吸引更多用户参与裂变活动。同时，企业也可以针对不同的用户群体分别设计不同的优惠活动，提升裂变效果。

社交化推广实现裂变是一种通过社交媒体和其他社交渠道，利用用户的社交网络和社交影响力，来扩散产品或服务的营销策略。这种策略的目的是通过用户之间的分享和传播来实现快速增长，扩大品牌的影响力。

在社交化推广实现裂变的过程中，产品或服务的关键信息需要以简单、有趣、易分享的方式呈现给潜在用户。这些信息包括有关产品或服务的优势和特点，以及相关的营销活动和优惠信息。

除了提供有价值的产品或服务之外，以社交化推广实现裂变还需要建立一个强大的社交媒体或社交网络。这可以通过与用户进行互动、提供有趣的内容、举办有趣的活动和分享用户生成的内容等方式来实现。

总之，以社交化推广实现裂变成功取决于用户的参与度和愿意分享产品或服务的程度。因此，为了实现裂变，需要关注用户需求、提供有价值的产品或服务以及建立强大的社交媒体和社交网络。

3. 积分兑换

企业可以在电商平台上设置积分系统，鼓励用户通过分享、邀请好友等方式获得积分，然后将积分兑换为商品或折扣券等实际奖励。这样不仅可以提高用户参与度，还可以促进裂变快速实现。

积分兑换是一种促使用户参与消费的营销手段，可以通过赠送积分、用积分兑换礼品等方式吸引用户积极参与。在积分兑换的过程中，可以通过以下四个方面实现裂变。

（1）礼品选择优惠。用户在积分兑换礼品时，可以选择不同的礼品，其中一些礼品价格相对较低，可以吸引更多用户参与积分兑换，并提高用户留存率和复购率。

（2）礼品分享活动。用户兑换礼品后，可以通过社交媒体分享自己的兑换经历和礼品，吸引更多好友参加积分兑换活动。

（3）奖励推荐。通过向用户提供积分或礼品奖励，鼓励用户邀请更多好友参与积分兑换活动，提高用户的转化率。

（4）促销活动。在特定的时间段内，提供额外的积分或礼品优惠，吸引更多用户参与积分兑换活动，提高用户的满意度和忠诚度。

4. 红包活动

企业可以在电商平台上设置红包活动，鼓励用户完成指定任务后获得一定金额的红包奖励，同时也可以邀请好友一起参与，这样可以吸引更多用户来参与，从而达到裂变效果。

（1）设置奖励。在红包活动中，为鼓励用户分享，可以设置奖励机制，如分享给一个好友可获得5元红包、分享给5个好友可获得20元红包等，以此激励用户分享给更多好友。

（2）利用社交媒体。将红包活动分享到社交媒体上，如微信、QQ、微博等，让更多的人知道此项活动，这样可以扩大活动的曝光度，吸引更多的人来参与。

（3）定时推送。在活动期间，定时推送消息提醒用户参与活动，如每天早上9点、下午2点和晚上7点等，这样可以提醒用户不要错过该项活动，提高活动的参与率。

（4）活动分享。在活动期间，用户可以通过分享链接参与活动并邀请好友参与，每个参与者都可以获得红包奖励，这样可以实现裂变效应，让活动参与者更快速地扩散。

5. 联合开展活动

企业可以利用电商平台的资源，与其他品牌或商家合作，共同推出联合活动。例如，利用购物返利、抽奖等方式吸引用户参与，通过共同宣传，扩大品牌知名度和影响力，从而达到裂变效果。

知识付费平台引流和裂变，构建完整变现闭环

知识付费平台是一种在线教育和知识分享平台，通过这种平台，用户可以购买或出售各种知识产品，比如在线课程、电子书、视频教程等。知识付费平台通常提供多种付费方式，如按课程收费、按章节收费、按时间收费等，用户可以根据自己的需求和预算选择合适的付费方式。知识付费平台可以帮助用户快速获取有价值的知识和技能，同时也为知识提供者提供了一个赚钱的机会。常见的知识付费平台有知乎、网易云课堂、得到、慕课网等。

1.引流和裂变

知识付费平台的引流和裂变是该平台运营的关键环节，主要包括以下五个方面。

（1）社交媒体引流。利用微信公众号、微博、抖音等社交媒体平台，通过发布优质内容、引导关注、推广活动等方式，吸引粉丝进入平台。

（2）搜索引擎优化。通过优化网站结构、关键词、内部链接等手段，提高知识付费平台在搜索引擎上的排名，增加流量。

（3）广告投放。通过投放付费广告，如搜索引擎广告、社交媒体广告、直播间广告等方式，吸引潜在用户进入平台。

（4）裂变营销。通过优惠券、推广链接、邀请码等方式，引导用户主动分享给朋友和社交群体，实现用户裂变。

（5）口碑营销。通过优化用户体验、提供优质服务、建立口碑传播机制等方式，提高用户满意度和忠诚度，以吸引更多用户进入平台。

综上所述，知识付费平台的引流和裂变需要综合运用多种手段，不断优化和改进，才能实现平台的持续发展和壮大。

2. 变现闭环的构建

知识付费平台构建变现闭环的关键是要通过不断优化各个环节，形成一个相互促进、循环往复的闭环。以下是一些关键环节。

（1）产品设计。平台要根据用户需求设计出有价值的知识付费产品，包括视频课程、电子书、在线直播等。同时要考虑到产品定价、包月／包年、试听等。

（2）营销推广。平台需要进行定向营销，将产品推荐给目标用户，通过搜索引擎、社交媒体、电子邮件等方式吸引用户参与该平台。

（3）产品销售。平台要提供安全、便捷的支付方式，包括支付宝、微信支付、银行卡等。同时要提供包括退款申请、售后等服务。

（4）用户留存。平台要提供高质量的内容，保证用户体验，同时要通过促销活动、会员权益等方式留住用户。

（5）用户转化。平台要通过数据分析、个性化推荐等方式，将用户转化成付费用户，同时要提供社区、问答、导师服务等增值服务，吸引用户持续消费。

通过以上环节的不断优化，知识付费平台可以形成一个稳定的变现闭环，实现收入的稳定增长。

知识付费平台作为人们获取相应的知识、技能、经验等教育内容的平台，随着社会信息化程度的提高、互联网技术的不断发展，其发展前景非常广阔。

首先，市场需求旺盛。随着数字经济的发展，人们对于知识和技能的需求不断增长，尤其是在职人士、创业者、自由职业者等群体对知识付费的需求日益强烈。

其次，产业链不断完善。知识付费平台产业链涉及内容生产、技术支持、付费模式、服务维护等环节，相关产业链的不断完善，将为知识付费平台的发展提供更多的助力。

再次，支付及用户体验趋于完善。随着支付技术的不断发展，知识付费平台的支付体系逐渐完善，用户体验也在不断提升，这将进一步促进知识付费平台的发展。

最后，政策及支持不断加强。在营造良好的知识付费平台发展环境方面，政府和相关机构也在投入越来越多的人力、物力和财力以加强对知识付费平台的支持和管理，推动知识付费平台的发展。

综上所述，知识付费平台作为一种新兴的教育模式，在未来有着广阔的发展前景。

第十章
锁定裂变场景，撬动千亿线上、线下市场

裂变场景指的是一种通过引导用户采用分享、邀请等方式来扩大用户规模的策略。在市场营销中，裂变场景已经成为一种非常流行的策略，因为它能够帮助企业将用户规模快速扩大。

裂变场景撬动市场的关键在于利用用户的社交关系，通过让用户分享、邀请好友来扩大产品或服务的影响力和用户规模。例如，一个购物网站可以通过邀请好友来获得优惠券或返现，这样用户就会鼓励自己的朋友也来购物，从而扩大了网站的用户规模。

当用户通过分享和邀请的方式扩大了产品或服务的影响力和用户规模之后，企业可以更加轻松地进行品牌推广，提高知名度和声誉，进而吸引更多的潜在用户参与进来。

总之，裂变场景是一种非常有效的市场营销策略，它可以帮助企业快速扩大用户规模，提高品牌知名度和声誉，使企业在竞争激烈的市场中获得更多的机会，占据更多的优势。

公众号裂变——精准营销方法

公众号裂变是一种营销策略，旨在通过用户分享、传播信息，快速扩大公众号的影响力和粉丝数量。这种策略可以通过以下四个步骤实现。

1. 制定奖励机制

公众号通过发布一些有趣、有价值的文章或活动，吸引用户参与和分享。同时，为了激励用户参与，还可以为他们制定一些奖励机制，如抽奖、积分兑换等。

2. 制作分享素材

公众号可以制作一些精美的海报、图片或视频等素材，让用户可以方便地在朋友圈、微信群等社交媒体上分享。

3. 推广分享活动

公众号可以通过各种渠道，如微信群、微博、QQ等社交媒体，推广分享活动，吸引更多的用户参与和分享。

4. 监测和分析

公众号应该定期监测和分析分享活动的效果，了解哪些分享素材和奖励机制更受用户欢迎，不断优化和改进营销策略。

通过公众号裂变，可以快速扩大公众号的影响力和粉丝数量，提高品牌知名度和用户忠诚度。其裂变的具体方法如下。

1. 利用热门话题

根据当前热门话题撰写相关文章，通过分享到朋友圈、微信群等社交媒体上，吸引更多的用户点击进入公众号。

2. 利用活动

通过举办各种线上或线下活动，如抽奖、答题、打卡等，来吸引更多的人关注和参与公众号，增加粉丝数。

3. 利用引流

通过在其他社交媒体平台引流访问量，如在微博、知乎、贴吧等平台分享公众号文章链接，吸引更多的用户访问。

4. 利用合作

通过与其他公众号、自媒体、网站等合作，进行交换推广或者内容互换等方式，吸引更多的用户关注公众号。

5. 利用优质内容

提供有价值、有趣、有互动性的优质内容，让读者感到有收获、有意思，从而增加用户留存率和传播效果。

以下是一个通过公众号实现裂变的成功案例：

某美妆品牌开启了一次"邀请好友送礼品"的活动，该品牌在公众号上发布了一篇文章，介绍活动的具体规则和奖品，要求用户在文章中留言"我要参加"，并将该文章分享到朋友圈。

用户在留言后会收到一条个性化的链接，用户将该链接分享给朋友，如果朋友通过此链接参加活动并购买了该品牌的商品，那么该用户会获得一个礼品。

这一活动既增加了品牌的曝光率,又促进了产品的销售,而且通过裂变的方式扩大了活动的范围。同时,该品牌的公众号粉丝数量也随之增加,形成了一个良性循环。该品牌在活动结束后还可以通过公众号抽取幸运用户,送出更多的礼品,促进用户对品牌的忠诚度和口碑效应。

小程序裂变——拉新及留存的三大法则

小程序裂变是指通过一定的营销手段,让用户主动分享小程序给其他用户,从而实现小程序的用户增长和传播。小程序裂变可以通过三种方式实现。

1. 分享有奖励

给用户设置分享奖励,比如邀请一定数量的好友进入小程序,就可以获得一定的奖励。

2. 推广活动

通过线上或线下活动的方式,引导用户分享小程序,比如举办线上抽奖或线下活动,奖励用户分享小程序。

3. 添加社交元素

在小程序中添加社交元素,比如小程序内部的社交圈子,让用户在圈子中分享小程序,从而扩大小程序的传播范围。

小程序裂变是一种有效的用户增长和传播方式，能够快速提高小程序的曝光度和用户黏性。但是需要注意的是，裂变过程中需要保证用户的体验和隐私安全，避免给用户带来不良影响。

那么，对企业来说小程序裂变具有哪些优势呢？

1. 低成本

相对于传统的营销方式，小程序裂变的成本相对较低。因为小程序裂变的方式是在用户分享链接后，通过用户的朋友圈或群组分享获取更多的流量和用户，而这些流量和用户是通过用户自发的行为而来的，所以不需要额外的营销费用。

2. 社交属性强

小程序裂变利用了社交媒体传播的优势，通过用户的分享行为，将产品或服务推广到更多的潜在用户中。

3. 用户流量增加快

通过小程序裂变方式，可以快速增加用户流量。因为小程序裂变是用户自发的分享行为，可以快速扩散产品或服务的知名度。

4. 用户黏性强

小程序裂变方式可以让用户通过朋友圈或群分享，将产品或服务分享给自己的朋友和亲戚，这样可以增加用户对产品或服务的信任度，提高用户对产品或服务的忠诚度。

5. 数据分析能力强

小程序裂变可以通过数据分析，了解用户的行为和需求，为产品或服务的优化提供数据支持。

同时，企业可以通过小程序进行拉新和留存。

企业进行小程序拉新，从以下三个方面入手：①通过小程序分享功能，让用户将小程序分享给朋友或群组，获得更多用户；②设置优惠活动或促销活动，吸引新用户光顾，并进行精准的广告投放，提高曝光率；③提供优质服务和产品，在用户中产生口碑效应，推荐给更多潜在用户。

小程序留存，也需要从三个方面入手：①及时回应用户反馈和建议，使之保持良好的用户体验；②提供个性化服务和推荐，增强用户粘性；③通过小程序内部活动或福利互动，增加用户的参与度和留存率。

不过，小程序拉新和留存，也需要注意在拉新和留存过程中遵守三大法则。

1. 创新、有趣的活动设计

为了吸引用户参与，小程序裂变拉新活动的设计需要有趣、新颖、创新。例如，可以设计一款有趣的小游戏，吸引用户参与并邀请好友一起参与，进而提升活动的传播效果。

2. 优惠福利的奖励机制

在小程序裂变拉新活动中，优惠福利是吸引用户参与的重要因素。可以通过提供优惠券、积分、折扣等福利来奖励用户的参与，进而提升用户的留存率和忠诚度。

3. 有效的沟通和互动

在小程序裂变拉新活动中，与用户的有效沟通和互动是非常重要的。可以通过小程序内的消息推送、社交分享等方式与用户进行有效的沟通和互动，进而增强用户的参与感和忠诚度。同时，对于用户提出的问题和反馈，要及时回复和解决，以增强用户的信任度和满意度。

小程序裂变的前景是非常广阔的。随着人们对移动互联网的普及和对便捷的需求不断增加，小程序裂变已成为企业营销的重要手段之一。通过小程序裂变，企业可以更好地吸引用户，提升用户转化率和用户活跃度，增加销售额，提升品牌知名度。

未来，随着小程序技术的不断更新和完善，小程序裂变将会变得更加成熟和完善，带来更多的营销机会。同时，随着智能化的不断发展，小程序裂变也将不断开发出新的功能和应用场景，为企业创造更多的商业价值。

社群裂变——快速引爆的三大运营技巧

社群裂变（Community Fission）是指通过社交媒体等方式，将原本的一个社群分裂成多个小的社群的行为。这种分裂可能是由不同意见、兴趣、文化等因素引起的。

社群裂变通常是通过社交媒体的分享、转发、评论等行为进行的。例如，在一个群组中有人提出了一个争议性议题，不同人持不同意见，导致群组内部出现了分歧。此时，一些人可能会选择退出该群组，并创建一个新的群组，虽然与原来的群组还保持一定的关联，但形成了一个新的小社群。

社群裂变给社交媒体的管理和运营带来了一定的挑战。如果社交媒体平台不能及时监管和处理分裂出的小社群中的不良行为，可能会导致严重的问题，如仇恨言论、虚假信息等。因此，社交媒体平台需要加强对社群裂变的管理和监管，以维护社区的和谐和稳定。

要想运用好社群裂变，至少要掌握社群裂变的三大技巧。

1. 引领社群话题

引领社群话题是社群裂变中很重要的一步，可以通过发布有趣、热门的话题来引起大家的兴趣和参与，吸引更多的人加入社群。同时，要根据群众的反馈调整话题和内容，不断提升社群的黏性。

引领社群话题需要从社群成员的兴趣点出发，寻找与社群主题相关的话题，并创造性地运用各种媒介和策略，对话题进行深入挖掘和传播。比如，可以在社群内发起话题讨论、发布有关内容，并鼓励社群成员分享和转发，从而吸引更多的人加入社群。

在引领社群话题的过程中，需要注意以下三点。

（1）确定话题的价值。社群成员只会对有价值的话题感兴趣，因此需要深入了解社群成员的需求和兴趣点，确定话题的价值和吸引力。

（2）创造性地运用媒介。不同的媒介可以带来不同的效果，比如图像、视频、文字等，需要根据话题的特点和社群成员的喜好选择合适的媒介，并创造性地加以使用。

（3）打造权威性。社群成员只会对有影响力的人和品牌感兴趣，因此需要在话题传播的过程中，打造自己的权威性，树立品牌形象，吸引更多的人加入社群。

总之，引领社群话题是社群裂变的重要手段之一，需要深入了解社群成员的需求和兴趣点，创造性地运用各种媒介，打造自己的品牌形象，引导话题的传播，以吸引更多的人加入社群。

2. 利用社交媒体

社交媒体是社群裂变中的重要工具，可以利用各种社交媒体平台来扩大社群的影响力和传播范围，吸引更多的用户加入社群。通过社交媒体，可以将社群推广到更广泛的用户群体，并与其他社群或公司进行合作，以实现更多的互动和交流，增加社群的黏性和用户活跃度。

社群裂变是一种利用社交媒体的营销策略，旨在通过社交媒体平台上的用户分享和宣传，迅速扩大品牌知名度和用户群体。

社群裂变的基本原理是，通过鼓励用户分享品牌内容或邀请其他人加入品牌社群，从而形成一种"口口相传"的效应，帮助品牌快速地在社交媒体平台上扩散。这种策略通常采用优惠券、奖励金、礼品等形式，吸引用户参与分享和邀请。

社群裂变的优势在于，它可以快速地将品牌推广到大量的目标用户中，同时也可以提高品牌在社交媒体平台上的曝光率。此外，社群裂变可以帮助品牌建立更紧密的社群联系，加强用户的忠诚度和口碑传播的效果。

然而，社群裂变也存在一些挑战。首先，品牌需要寻找到恰当的奖励措施来吸引用户参与分享和邀请。其次，品牌需要保证优惠券、奖励金等奖励的有效性和可操作性，避免造成用户不满和品牌形象受损。最后，品牌需要监控和管理社群内容，确保社群裂变的营销策略没有违反社交媒体平台的规定。

3.激励用户参与

社群裂变的最终目的是吸引更多的用户加入和参与社群,因此激励用户参与是非常重要的一步。企业可以通过发放优惠券、提供礼品或奖励,增加用户的参与度和忠诚度。同时,还可以针对活跃用户进行评选和表彰,激发用户的参与热情和信心,促进社群的成长和发展。

激励用户参与是社群裂变的关键因素之一,因为只有用户感到有趣、有价值、有意义,才会愿意分享和邀请更多的人加入。以下是一些激励用户参与的方法。

(1)提供有价值的内容和活动。社群需要提供有价值的内容和活动来吸引用户的关注和参与,这些内容和活动可以是教育性的、娱乐性的,也可以实用性的,但一定要符合用户的兴趣和需求。

(2)奖励用户。社群可以通过奖励机制来激励用户参与,如通过积分、礼品、优惠券等方式,表彰用户的贡献和努力,增强用户的忠诚度和参与度。

(3)社交化互动。社群需要提供互动性强、社交化的平台,让用户可以与其他人交流和互动,这样可以增强用户的归属感和参与感,加强用户与社群的联系。

(4)建立快速反馈机制。社群需要建立快速反馈机制,及时回应用户的问题和反馈的意见或建议,让用户感受到被重视和被关注。

(5)引导用户分享。社群可以引导用户分享内容和活动,比如通过提供分享按钮、邀请好友等方式,来鼓励用户推荐社群给更多人。

社群裂变作为快速扩大社交网络的策略，它涉及利用用户的社交网络来促进信息传播和招募新用户。社群裂变的前景是非常广阔的。

一是快速扩张用户基础。社群裂变可以帮助企业更快地扩大其用户基础，从而增加其在市场上的影响力。

二是提高用户参与度。社群裂变可以提高用户的参与度和忠诚度，因为它可以让用户感到他们是企业的一部分，而不仅仅是一个普通的客户。

三是降低营销成本。社群裂变是一种低成本的营销策略，因为它利用了现有的社交网络和用户关系。

四是提高品牌知名度。社群裂变可以帮助企业提高品牌知名度，因为它可以让用户将企业和品牌与他们的社交网络联系起来。

五是提高销售额。社群裂变可以提高销售额，因为它可以鼓励用户介绍自己的朋友和家人使用该产品或服务。

私域裂变——精细管理与运营

私域裂变是指在个人或企业已有的私域流量基础上，通过社交、优惠券等方式，激励用户主动分享、参与，从而实现流量快速增长和裂变式传播的营销策略。私域裂变的核心在于用户的参与和分享，通过激发用户的参与积极性和分享欲望，快速产生裂变效应，形成高效的营销效果。私域裂变通常结合多种手段进行，如短视频、直播、微信公众号、小程序等，以提升用户体验感和参与度。私域裂变的特点主要有六个。

1. 独立自主

私域裂变是在自身的社交媒体平台上进行的，与外部平台无关，企业拥有更多的自主权和控制权。

2. 定位精准

企业可以通过精准的用户画像，对目标用户进行更为精准的营销定位。

3. 互动性强

私域裂变强调用户的互动性，可以通过互动来增强用户黏性，提升用户参与度和活跃度。

4. 转化高效

私域裂变通过精细化的运营和营销方式，可以将用户转化为忠诚粉丝，进一步提升用户价值。

5. 数据驱动

私域裂变需要依托数据分析，通过数据驱动的方式来进行运营和营销，从而提高效率和效果。

6. 长期稳定

私域裂变是建立在自身平台上的，相对于外部平台的变化和不稳定性，其更具有长期稳定性和可持续性。

私域裂变是利用自己的已有用户群体，通过多种方式，让他们主动推荐、分享，吸引更多新用户进入自己的私域生态中。

私域裂变的方法有：社群活动，通过社群活动吸引用户互动，增加用户参与感和忠诚度，从而促进用户推荐和分享；优惠券活动，通过发放优惠券、折扣码等优惠活动吸引用户分享，同时提高用户购买的积极性；口碑营销，通过提供高质量的产品或服务，积累良好的口碑，从而吸引更多的用户进入私域生态；引荐好友，通过奖励机制鼓励现有用户主动推荐好友，吸引更多的潜在用户进入私域生态中；内容营销，通过优质内容营销吸引用户，提高用户黏性，从而增加用户转化率和推荐率；数据营销，借助数据分析和优化技术，对用户行为进行精准推送，从而提高用户参与度和转化率。

私域裂变是指在自己的社交媒体平台、电商平台或其他渠道中，利用社交分享、抽奖矩阵等方式，吸引用户扩散自己的品牌、产品或服务，从而达到裂变式增长的效果。

随着移动互联网的普及和用户对精准化内容的需求不断增加，私域裂变成为各种企业和品牌进行用户获取和增长的有效手段，其发展前景十分广阔。首先，私域裂变可以让用户更加了解企业或品牌，增强用户与企业或品牌的信任感，从而提高用户黏性和忠诚度；其次，与传统的广告、营销手段相比，私域裂变的用户获取成本更低，同时也更加精准，可以更好地满足用户需求；最后，通过私域裂变，企业可以将自己的品牌、产品或服务快速传播给更多的用户，从而扩大自己的影响力和知名度。

抖音号裂变——账号矩阵裂变是核心

抖音号裂变是指通过各种方式，让自己的抖音账号迅速扩散，吸引更多的粉丝和关注者。常见的抖音号裂变方式有以下五种。

（1）制作优质的视频内容，吸引更多用户观看、点赞、评论和分享，提高曝光度。

（2）利用热门话题、流行歌曲和有趣的挑战赛等，吸引更多用户参与互动，增加粉丝量。

（3）与其他抖音用户合作，互相点赞、评论和分享，增加相互的曝光率，提高关注度。

（4）在社交媒体平台上宣传自己的抖音账号，吸引更多用户关注，并通过分享、转发等方式引流。

（5）利用抖音的直播功能，展示自己的才艺、生活，吸引更多用户观看和关注。

总之，抖音号裂变需要不断优化自己的内容和互动，吸引更多用户参与，以此来提高自己的曝光度和关注度，实现账号快速增长。

（1）网络效应。抖音作为一个社交媒体平台，用户的互动、分享、点赞等行为会产生网络效应，进而扩大视频的传播范围。

（2）用户口碑。优质的内容会得到用户的口碑传播，通过口碑传播，更容易吸引新用户关注。

（3）内容生产。抖音支持UGC（用户生成内容），用户可以通过上传视频来分享自己的生活、才艺等，这种方式可以激发用户的创造力，进而推动内容裂变。

（4）营销手段。抖音支持用户自主创意营销，通过合作、转发、点赞、评论等形式向更多的用户展示自己的视频，从而达到营销的目的。

（5）平台推荐。抖音会根据用户的兴趣、偏好、历史浏览记录等数据为用户推荐相关的视频内容，进而吸引更多的用户观看和分享。

抖音裂变的一个成功案例是《拜托了冰箱》节目的抖音裂变。在节目播出期间，制作方推出了抖音短视频挑战赛，邀请用户模仿节目中选手的操作和制作料理的过程，并在抖音平台上发布。这个活动引发了用户的热情参与和分享，不仅提升了节目的知名度和收视率，还促进了抖音平台的用户增长和活跃度。据统计，该活动期间，抖音上的相关视频播放量超过10亿次，参与人数达到1600万人，同时，该节目的品牌影响力和关注度也得到了大幅提升。

作为一款短视频应用，抖音已经成功实现了用户裂变，成为一个庞大的社交平台。未来，抖音裂变的前景如何将取决于多个因素，包括以下四点：

一是用户增长。抖音需要继续加强用户增长，不断吸引新用户加入，才能不断扩大其社交网络的规模。

二是针对不同用户提供个性化服务。抖音需要在其平台上提供针对不同用户的个性化服务和内容，以满足不同用户的需求，增加用户留存率。

三是强化社交功能。抖音需要不断强化其社交功能，让用户之间的互动更加频繁和愉快，进一步促进用户的裂变。

四是吸引商家入驻。在抖音上吸引更多的商家入驻，提供更多的购物和服务体验，可以进一步提升用户的黏性和使用频率，促进裂变。

综上所述，抖音裂变的前景是相当广阔的，但需要不断加强对其用户增长和社交功能等方面的优化，唯此才能够达到更好的效果。

视频号裂变——微信给视频号加上裂变传播

视频号裂变是指通过视频内容的传播和分享，让视频号的关注者和观众不断扩散，形成一个持续的裂变效应，从而增加视频号的曝光度，产生广泛的影响力。这种裂变效应往往需要视频号主的努力和精心策划，包括制作高质量的视频内容、积极与粉丝互动、与其他视频号主合作等，以吸引更多的关注者和观众。

视频号裂变的具体方法如下：视频内容短小，通常持续时间在一分钟以内，能够吸引用户在短时间内快速消费；分享传播，用户可以将视频分享到社交媒体平台，以吸引更多的用户观看和转发；互动性，用户可以通过评论、点赞、分享等方式与其他用户进行互动，提高视频的曝光率；话题热点，可以根据时事热点或用户兴趣点来制作视频，以吸引更多的用户观看和转发。

想要利用视频号进行裂变，需要注意以下六点事项。

1. 定位清晰

在发布视频之前，需要明确视频的主题和定位，确保视频内容符合目标观众的需求和兴趣。

2. 视频品质

视频的画质、声音、剪辑等都需要有一定的质量保证，否则会降低用户的观看体验。

3. 内容优化

视频内容需要具有独特性、新鲜感、趣味性等特点，这样才能吸引用户留下来观看，甚至分享。

4. 推广渠道

视频号裂变需要选择合适的推广渠道，如社交媒体、朋友圈、微信群等，在渠道的选择上需要根据目标用户的特点来进行选择。

5. 反馈及时

在视频发布之后需要及时关注用户的反馈，针对用户的反馈进行优化和改进，从而提高用户留存率和转化率。

6. 统计数据

需要对视频的播放量、留存率、转化率等数据进行统计和分析，从中发现问题并进行优化，以提高视频号裂变的效果。

在这里，有一些裂变视频号的建议：提供有趣的短视频内容，激发用户的分享欲望；标题和封面要能够吸引人，切入用户痛点或兴趣点；定期发布新视频,保持用户黏性;利用热门话题或事件创作相关视频,提高曝光率;与其他视频号合作或参加活动,扩大用户群体;与用户互动或回复用户评论,建立良好的用户关系;利用数据分析用户行为和兴趣,有针对性地制作视频内容。

以某家化妆品品牌为例,通过视频号实现了其裂变增长。

首先,该品牌在视频号上发布了一些化妆品教程、美妆技巧等相关视频。随着观众数量的增加,该品牌开始在视频号上开展活动,如邀请观众参加化妆比赛、发布新品试用活动等。

其次,该品牌还通过视频号上的转发、点赞等社交功能,让观众自然而然地分享品牌信息,从而扩大了品牌的影响力。通过视频号的裂变效应,该品牌在短时间内得到了大量的曝光度和品牌关注度,促进了销售增长。

最后,该品牌还通过视频号上的直播功能,展示产品介绍、教学等内容,吸引了更多的观众,进一步巩固了品牌的影响力和市场地位。

作为一个AI语言模型,虽然不能预测未来,但可以提供一些分析和观点。

视频号作为微信推出的新功能,依托微信强大的用户基础和内容生态,其发展潜力不容小觑。从目前的发展情况来看,视频号已经成为不少用户发布和观看短视频的主要渠道之一,同时也吸引了许多优质的内容创作者加入。

随着视频号的不断优化和升级,未来或许还会出现更多的功能,从而更好地满足用户需求。另外,随着社交媒体的不断发展和普及,对于短视频的需求也会越来越高。

因此，视频号的裂变前景还是非常看好的。但是，要实现裂变，还需要把握好用户需求，提供更加丰富、有趣和有价值的内容，同时也需要持续提升用户体验感和参与度，让更多的用户加入到视频号的社群中来。

直播裂变——抢占用户心智决定成败

直播裂变是指通过直播平台进行营销活动，通过主播的推广和分享，达到裂变效应的一种营销手段。通过主播的推荐和分享，吸引更多的观众观看直播，进而进行商品或服务的推广，达到品牌曝光和销售增长的目的。直播裂变能够快速吸引目标受众，提高品牌知名度和用户黏性，是一种高效的营销方式。

直播裂变的优势体现在：可以触及大量人群，直播裂变通过转发、分享等方式，可以快速传播内容，吸引更多的人关注，从而扩大影响力；参与度高，直播裂变可以让观众直接参与互动，评论、点赞等操作可以让观众更加投入，增强观众的参与感和互动性；节约成本，直播裂变相对于传统的广告推广方式，成本相对较低，同时也能够实现更好的效果；传播效果强，直播裂变可以快速地传播，同时也能够有效地引导目标受众进行转化，提高品牌曝光度和口碑；可量化效果，直播裂变的效果可以通过数据分析进行量化，也可以根据数据分析进行精准地优化和调整，从而提高效果。

直播裂变的成功案例非常多，消费者最为熟悉的便是直播带货，许多电商平台通过直播带货成功实现了裂变。例如，淘宝通过邀请知名艺人或达人直播带货，吸引了大量的用户观看和购买商品。这些用户还会分享直播链接给其他人，从而推动了平台的用户增长。

除此之外，网约车平台也利用直播裂变的策略，"滴滴出行"在微信公众号上开展了"司机直播"活动，邀请司机分享自己的工作和生活经历，并鼓励用户分享这些直播链接。这些直播成功地吸引了更多的用户使用"滴滴出行"服务。

总的来说，直播裂变可以帮助企业吸引更多的用户，提高了品牌知名度和销售额。但成功的直播裂变需要注意内容质量、互动性和参与度等方面，以吸引更多用户的参与并分享。

不过，即便有很多成功案例，作为企业，在利用直播时还是需要掌握一些直播裂变的技巧。

第一，选对合适的直播平台。在选择直播平台时，需要根据自己的目标受众和直播主题来选择合适的平台，比如B站适合年轻人和游戏类直播，而淘宝适合商家直播销售产品。

第二，直播内容要有趣。直播的内容要有趣、有价值，能够吸引观众的眼球并留下深刻印象，如果内容不够吸引人，观众很难再次观看。

第三，直播时间要合理。根据受众群体的生活习惯和喜好，选择适宜的直播时间，这样才能吸引更多的观众观看直播。

第四，与观众互动。直播要与观众互动，让观众参与其中，可以通过回答观众的问题、与观众互动等方式让观众感到受到关注，从而提升观众的黏性。

第五，利用社交媒体进行宣传。在直播前，可以利用社交媒体、微信群等方式进行宣传，以吸引更多观众观看直播。

第六，提高直播质量。提高直播质量，不仅包括画面清晰度、声音效果，还需在直播设备等方面有所提升，这样才能让观众更加愿意观看。

第七，结合营销策略。直播裂变还需要结合营销策略，比如合理运用优惠券、积分等方式吸引观众参与并分享直播。

第八，不断尝试创新。直播要不断尝试创新，不断优化直播内容和体验，才能实现裂变效果。

直播裂变是一种新兴的营销方式，可以将企业品牌和产品通过直播的形式传递给更多的用户，从而实现销售和宣传的效果。随着直播技术的不断发展，直播裂变的前景也越来越好。

首先，直播裂变可以让企业与用户直接互动，提高用户体验。用户可以通过直播间与主播互动，提出问题、留言和点赞等，这样可以让用户更深入地了解产品和品牌，同时也可以让企业了解用户的需求和反馈，从而不断提升产品的品质和服务的质量。

其次，直播裂变可以扩大企业的影响力和知名度。通过直播平台，企业可以将产品和品牌传递给更多的用户，吸引更多的关注，从而扩大企业的知名度和品牌影响力，提高市场份额和竞争力。

最后，直播裂变可以实现营销效果和销售目标。通过直播平台，企业可以进行产品推广和宣传，向用户展示产品的特点和优势，从而提高用户对产品的认知，产生购买意愿，实现销售目标和营销效果。

综上所述，直播裂变是一种有前景的营销方式，可以帮助企业提升品牌影响力、扩大市场规模和实现销售目标，是企业营销和推广的重要途径。

结语：超级裂变，实现企业"0—1—N"成倍增长模式

超级裂变是一种营销策略，旨在通过用户自发地分享和推荐来实现企业的成倍增长。通过超级裂变，企业可以在短时间内实现成倍增长，同时也可以增强用户忠诚度，提高品牌知名度。

这个说法并不完全正确。虽然裂变能够帮助企业快速扩大用户规模，但并不是所有企业都需要裂变才能增长。

超级裂变是一种通过社交媒体等渠道，以用户自发分享而实现快速扩张的营销策略。企业通过超级裂变来实现成倍增长的具体步骤如下。

（1）制定合适的裂变策略。企业需要制定有吸引力的裂变策略，包括奖励计划、社交互动、互补产品等，以吸引更多用户参与分享。

（2）提供高品质产品或服务。企业需要提供高品质的产品或服务，让用户更愿意分享和推荐。

（3）建立社交媒体平台。企业需要建立的社交媒体平台，包括微信、微博、抖音等，让用户更容易分享产品或服务。

（4）加强互动。企业需要积极参与社交媒体平台与用户互动，回应用户的留言和评论，提高用户参与度和忠诚度。

（5）监控效果。企业需要定期监控裂变效果，包括分享量、转化率、

用户留存率等,以及时调整策略,提高效果。

通过超级裂变策略,企业可以快速扩大用户群体,提高品牌认知度和用户忠诚度,进而实现成倍增长。

一些企业可能更注重稳健的增长,通过提高产品质量和服务质量,吸引更多的忠实用户,然后逐步扩大规模。而裂变往往是一种短期策略,可能会导致用户流失率高,不能长期维持增长。

因此,企业是否需要裂变,要根据其自身情况和发展目标来确定。裂变只是一种增长手段,企业要根据自身的实际情况,选择适合自己的增长策略,最终实现成倍增长。